La Poussière de Ses Pieds

Tome 2

La Poussière de Ses Pieds

Tome 2

Réflexions sur les enseignements d'Amma

Swami Paramatmananda Puri

Mata Amritanandamayi Center, San Ramon
Californie, États-Unis

La Poussière de Ses Pieds – Tome 2

Réflexions sur les enseignements d'Amma
Swami Paramatmananda Puri

Publié par :
  Mata Amritanandamayi Center
  P.O. Box 613
  San Ramon, CA 94583
  États-Unis

—————————— *The Dust of Her Feet 2 (French)* ——————

Copyright © 2016 du Mata Amritanandamayi Center, P.O. Box 613
San Ramon, CA 94583, États-Unis
Toute reproduction, même partielle, de cette publication est interdite
(à l'exception d'une courte critique) sans la permission de l'éditeur,
ainsi que l'enregistrement dans un système de données, ou toute
forme de transmission, numérique, mécanique, par photocopie ou
enregistrement.

Première édition : août 2016

En France :
  www.ammafrance.org

En Inde :
  inform@amritapuri.org
  www.amritapuri.org

TABLE DES MATIÈRES

DÉDICACE

Salutations à
Sri Mata Amritanandamayi Dévi,
La Mère universelle,
Qui chasse la misère du monde,
Celle qui dissipe les ténèbres
Qui enveloppent ses dévots et se révèle comme
La Conscience éternelle qui réside dans le cœur,
Qui brille en tant que Vérité transcendantale,
Support de ce monde et de l'au-delà.

PRÉFACE

Depuis 1968, Swami Paramatmananda Puri a mené une vie de renoncement en Inde, où il est venu vivre à l'âge de dix-neuf ans dans le but d'assimiler l'essence spirituelle de cette grande et antique culture. Au fil des années, il a eu la bonne fortune de vivre auprès de nombreux sages et saints et c'est en 1979 qu'il a rencontré son guru, Mata Amritanandamayi.

Lors de sa première rencontre avec Amma, Swami lui a demandé comment il devait continuer sa sadhana (ses pratiques spirituelles). Amma a répondu : « Deviens pareil à la poussière que tous foulent sous leurs pieds. » De là vient le titre de ce livre. Comme il était un de ses anciens disciples, Amma lui a ensuite demandé de retourner aux États-Unis pour la servir en dirigeant son premier ashram en Occident, le Mata Amritanandamayi Center en Californie. Il y est resté de 1990 à 2001.

De nombreux résidents et visiteurs du Centre se rappellent encore les satsangs de Swami comme de grands moments. Il y parlait de ses expériences en Inde, de l'enseignement d'Amma et des Écritures comme il les comprenait, ainsi que de sa vie sur le chemin spirituel. Avec esprit et humour, il a fait une synthèse entre l'Orient et l'Occident et créé un forum où l'on peut apprendre la spiritualité, d'où que l'on vienne. Depuis son retour en Inde en 2001, Swami n'a plus donné de satsangs en public. Parmi les enregistrements effectués, un grand nombre n'ont pas encore été publiés. Ce livre s'efforce de transmettre au public une partie de ce corpus ainsi que quelques articles écrits après son retour en Inde.

L'éditeur
M. A. Center
1er septembre 2014

CHAPITRE UN

Le vrai Guru

Quand je suis venu vivre auprès Amma, j'étais très heureux et en paix, du moins le pensais-je. Mais une fois installé à l'ashram, nombre de pensées et d'émotions négatives telles que le doute, la colère et la jalousie sont remontées à la surface. Il me semblait qu'Amma manipulait les situations pour faire ressortir le pire chez moi, et en fait, chez tout le monde. D'un côté, la divine Présence d'Amma me plongeait dans la béatitude, d'un autre côté, il était extrêmement douloureux d'être ainsi agité une grande partie du temps. J'ai bien souvent eu envie de quitter l'ashram et de retourner dans le paisible village où j'avais vécu avant de venir auprès Amma.

Je voyais bien qu'Amma était un être divin et sans doute la seule personne vivante capable de me montrer la voie vers le but que je désirais. Son pouvoir d'attraction était indéniable. Mais j'avais demandé la paix, non la souffrance !

Dans mes moments de calme, j'ai compris peu à peu que ce qui était au plus profond de moi sortait, tout simplement. J'avais peut-être auparavant nettoyé la surface de mon mental, mais Amma en fouillait les recoins les plus sombres pour déloger les fantômes qui s'y cachaient. Il existe une règle d'or dans la vie spirituelle : ce qui est à l'intérieur doit sortir avant que nous puissions savourer la paix et la béatitude véritables.

Avant de recouvrer la santé, il faut vomir le poison que nous avons avalé. Amma ne peut pas nous remplir de béatitude tant qu'il y a des impuretés dans le récipient de notre mental. Comment allais-je pouvoir vider entièrement mon mental ? Certainement pas par moi-même. D'une manière ou d'une autre, il faut que les circonstances amènent nos négativités les plus profondes à la surface pour que nous puissions les voir et les gérer au niveau conscient. C'est l'une des tâches du guru : faire sortir ce qui est à l'intérieur.

Pour nettoyer une bouteille très sale, il faut une brosse dure. Amma déclare :

> « Le guru crée des obstacles et des souffrances pour le disciple. Celui-ci doit les surmonter grâce à une intense sadhana. La spiritualité n'est pas pour les paresseux. Les difficultés qui surviennent au niveau subtil sont plus ardues si on les compare aux chagrins du monde extérieur. Celui qui consacre toute sa vie à un Satguru n'a rien à craindre. »

Grâce à la compagnie d'un vrai guru, nous apprenons ce qu'il faut rejeter ou cultiver, tant dans notre esprit que dans nos actions. L'exemple du guru nous guide et nous inspire. Mais il ne s'agit pas d'en rester là. Comprenons que chaque situation de notre vie est manipulée par le guru pour notre évolution spirituelle.

La Nature est la servante de notre guru, qui l'utilise pour notre développement spirituel. Tout ce qui nous arrive est une chance d'évoluer spirituellement car tel est le véritable but de la vie humaine, la réalisation du Soi. Si l'on développe cette attitude, on a déjà fait presque la moitié du chemin. Mais cela n'est pas facile, tant nous sommes préoccupés par les choses extérieures telles que la nourriture, le sexe, les relations sociales, l'argent, etc. Nous sommes comme des poissons incapables de voir l'océan, tant ils sont anxieux de manger et de ne pas être mangés.

L'histoire du maître caché

Ayant étudié des textes spirituels pendant de nombreuses années, un dévot eut le sentiment que le temps était venu pour lui de se mettre en quête de l'expérience directe de la Réalité. « Je vais, se dit-il, partir en quête du Maître caché, qui demeure aussi, dit-on, à l'intérieur de mon être le plus profond ».

En sortant de chez lui, il rencontra un sadhu qui marchait péniblement sur la route poussiéreuse et lui emboîta le pas, attendant qu'il parle.

Finalement, le sadhu lui dit : « Qui es-tu et où vas-tu ? »

« Je suis un chercheur de vérité, et je suis en quête du Maître caché. »

« Je vais marcher avec toi, » dit le sadhu.

« Pouvez-vous m'aider à trouver le Maître ? »

« Le Maître caché, dit-on, réside dans le Soi de l'être humain. Comment il le trouve dépend de l'usage qu'il fait de ses expériences. C'est une chose que je ne peux te communiquer que partiellement. »

Ils finirent par arriver à un arbre qui craquait et se balançait. Le sadhu s'arrêta. « L'arbre dit que quelque chose lui fait mal ; il demande que l'on s'arrête pour ôter de son côté ce qui le blesse, afin qu'il trouve le repos. »

« Je suis trop pressé, répondit l'autre homme, et de toutes façons, comment un arbre pourrait-il parler ? »

Ils continuèrent donc leur chemin.

Au bout de quelques kilomètres, le sadhu dit : « Quand nous étions près de l'arbre, il m'a semblé sentir l'odeur du miel. C'était peut-être un essaim d'abeilles sauvages qui s'était installé dans le tronc. »

« Si cela est vrai, hâtons-nous d'y retourner afin de récolter le miel, que nous pourrons manger et vendre pour financer notre voyage. »

« Comme tu veux, » dit le sadhu.

Arrivés à l'arbre, ils virent d'autres voyageurs en train de récolter d'énormes quantités de miel.

« Quelle chance ! disaient ces hommes ; il y a assez de miel pour une ville entière ! Les pauvres pèlerins que nous étions vont devenir marchands de miel ; notre avenir est assuré ».

Alors le sadhu et son nouvel ami, ayant entendu ces paroles, poursuivirent leur chemin.

Ils arrivèrent à une montagne sur le versant de laquelle ils entendirent un bourdonnement. Le sadhu colla l'oreille contre le sol. Puis il dit : « Là-dessous, il y a des millions de fourmis en train de construire une colonie. Ce bourdonnement est un appel à l'aide concerté. Dans le langage des fourmis, il dit : « Aidez-nous, aidez-nous. Nous creusons, mais nous avons rencontré des pierres étranges qui nous empêchent d'avancer. Aidez-nous à les enlever ». Devons-nous nous arrêter et les aider, ou bien es-tu pressé d'avancer ? »

« Les fourmis et les pierres ne sont pas notre affaire, mon frère, dit le dévot, car en ce qui me concerne, je cherche mon Maître. »

« Très bien, frère, dit le sadhu ; on dit pourtant que tout est relié et ceci pourrait bien avoir un certain lien avec nous. »

Le jeune homme ne prêta aucune attention à ce que le vieil homme marmonnait, et ils continuèrent donc leur chemin. Ils s'arrêtèrent pour la nuit et c'est là que le jeune découvrit qu'il avait perdu son couteau. « J'ai dû le laisser tomber près de la fourmilière », dit-il. Le lendemain matin, ils revinrent donc sur leurs pas.

Arrivés à la fourmilière, ils ne trouvèrent aucune trace du couteau. Par contre, ils virent un groupe de gens couverts de boue qui se reposaient à côté d'un tas de pièces d'or. « Ces pièces sont un trésor caché que nous venons juste de déterrer. Nous étions sur la route quand un saint homme, âgé, nous a appelés pour nous dire : « Creusez à cet endroit, et vous trouverez ce que certains appellent des pierres et d'autres de l'or ».

Le jeune homme maudit sa malchance : « Si seulement nous nous étions arrêtés hier soir, nous serions tous les deux devenus riches, Ô sadhu ». Ceux qui se reposaient remarquèrent : « Le sadhu qui t'accompagne, Ô étranger, ressemble étrangement à celui que nous avons vu hier soir ». « Tous les sadhus se ressemblent », répliqua le saint.

Les deux hommes continuèrent leur voyage. Quelques jours plus tard, ils arrivèrent à un endroit magnifique, sur la berge d'une rivière. Le sadhu s'arrêta. Comme ils attendaient le bac, un poisson monta plusieurs fois à la surface et articula silencieusement quelque chose avec la bouche.

« Ce poisson, dit le sadhu, nous envoie un message. Il nous dit : « J'ai avalé une pierre. Attrapez-moi et donnez-moi une certaine herbe à manger. Alors, je pourrai vomir la pierre et je serai soulagé. Ô voyageurs, ayez pitié de moi ! » C'est alors que le bac arriva et le jeune homme, impatient de continuer, y poussa le sadhu. Le batelier fut reconnaissant pour les quelques centimes qu'ils purent lui donner et ils dormirent fort bien tous les deux, cette nuit-là, sur la rive opposée, où une âme généreuse avait installé un abri pour les voyageurs où l'on servait du thé.

Le lendemain matin, ils étaient assis en train de siroter leur thé quand le passeur arriva. « C'était hier mon jour de chance, dit-il en jubilant, les pèlerins m'ont porté bonheur. » Il embrassa la main du vénérable saint, pour obtenir sa bénédiction. « Tu le mérites bien, » dit le sadhu.

Le batelier était maintenant un homme riche et voici ce qui c'était produit. Il s'apprêtait à rentrer chez lui à l'heure habituelle quand il avait vu les deux hommes sur la berge d'en face. Il avait donc décidé de faire un voyage supplémentaire pour aider de pauvres voyageurs et ainsi recevoir la bénédiction qui résulte de toute bonne action. Il allait rentrer son bateau quand il vit le poisson, qui s'était jeté sur la rive et s'efforçait d'avaler une plante, que le passeur lui mit dans la bouche ; le poisson vomit alors une pierre et sauta de nouveau dans l'eau. La pierre était un énorme diamant, sans le moindre défaut, d'une valeur incalculable et d'un éclat merveilleux.

« Tu es un démon ! s'écria le jeune, furieux, en s'adressant au sadhu. Par quelque pouvoir caché, tu connaissais l'existence de ces trois trésors mais tu ne m'en as rien dit. Est-ce qu'un vrai compagnon agit ainsi ? Auparavant, ma malchance était grande, mais sans toi, je n'aurais jamais su quelles possibilités recèlent les arbres, les fourmilières et même les poissons ! »

Il n'avait pas plus tôt prononcé ces paroles qu'il eut le sentiment qu'un vent puissant balayait le tréfonds de son âme. Il sut alors que la vérité était exactement l'inverse de ce qu'il venait de dire. Le sadhu le toucha légèrement à l'épaule et sourit : « Maintenant, frère, tu verras que tu peux apprendre de tes expériences. Je suis celui qui est aux ordres du Maître caché. »

Et à partir de ce jour, le chercheur fut connu sous le nom de « Celui qui a compris ».

CHAPITRE DEUX

Amour et Connaissance

Nous vivons à l'ère de la technologie. La vie était jadis très simple et elle l'est encore en certains endroits. Les gens vivaient simplement, sans électricité. Ils accomplissaient leurs tâches quotidiennes et leur corps avait ainsi l'exercice nécessaire. Proches de la Nature, ils connaissaient ses rythmes. Ils croyaient en Dieu et avaient foi en Lui. Leurs plaisirs étaient simples et innocents, leur esprit possédait de nobles vertus telles que l'humilité, la patience et la capacité de sacrifice.

Puis sont arrivées l'électricité et la technologie. Regardez les tendances actuelles : les gens sont très fiers. La fierté s'accompagne de colère et d'impatience ; ils sont agités, il leur faut sans cesse quelque chose de nouveau. La télévision, Internet et différents amusements occupent tout leur temps libre. Il semble que l'égoïsme sans cœur et la cruauté ne cessent d'augmenter et personne ne parvient à enrayer la montée de la violence. Dès l'enfance, on est bombardé par les faux idéaux de la violence, de la colère, de la puissance, de la position sociale et d'une sexualité débridée.

La technologie n'est pas mauvaise en soi. Mais au lieu de s'en servir uniquement pour obtenir l'efficacité, le confort et le plaisir, il faudrait l'employer pour insuffler aux gens de nobles idéaux. Observez quel effet a sur vous un film qui élève l'esprit ; cet effet dure pendant des heures ou même des jours. Un livre inspirant peut changer votre vie et si nous l'avons en main, c'est grâce à l'invention de l'imprimerie.

Mais dans l'ensemble, la technologie a tari les bonnes qualités chez la plupart d'entre nous et nous a rendus trop intellectuels. Nous dépendons pour tout de notre intellect. Nous avons besoin de connaître le pourquoi et le comment de toute chose. La foi s'est affaiblie, elle est même non-existante, à moins que l'intellect ne soit satisfait. Au sens matériel, nous y avons gagné mais spirituellement, nous y avons beaucoup perdu. Le bonheur, pour être durable et satisfaisant, doit être dans le cœur et non dans la tête. C'est toute la différence entre le fait de connaître tous les ingrédients qui composent un plat délicieux et celui de le manger.

Comme le dit Amma :

« Dans le monde actuel, les gens accordent plus d'importance à l'intellect qu'au cœur. Ce changement n'est pas très encourageant. Nous ne pouvons atteindre le royaume de Dieu qu'avec un cœur innocent et ouvert. Cela ne signifie pas que l'intellect ne joue aucun rôle dans notre épanouissement. Nous avons besoin de la tête comme du cœur. Chacun a sa fonction dans notre développement. C'est grâce à l'intellect que nous pouvons discerner entre ce qui est juste et ce qui ne l'est pas, entre le réel et l'irréel, entre l'éternel et l'éphémère. Mais il a aussi ses inconvénients.

Il ressemble à une paire de ciseaux dont la nature est de disséquer et de rejeter. L'intellect n'a pas l'ouverture et l'espace nécessaires pour embrasser et accueillir toute chose. Si nous nous fions uniquement à l'intellect, nous passons à côté de la douceur de la vie. Le cœur, en revanche, est pareil à une aiguille dont la nature est de coudre et de rassembler des morceaux. Il accepte et unit les choses les plus disparates et les plus dissemblables. Il nous permet de voir le bon côté de toute chose et de nous imprégner du bien contenu en tout.

L'intellect comme le cœur sont nécessaires pour mener une vie harmonieuse et pour atteindre le but éternel, Dieu. Une fois que nous avons coupé des morceaux de tissu à la bonne taille à l'aide des ciseaux, nous utilisons une aiguille pour faire une chemise, un chemisier ou une robe.

« Notre première prière devrait être de développer un cœur qui se réjouisse du bonheur des autres et partage leurs chagrins. Les vrais enfants de Dieu sont ceux qui perçoivent le bonheur ou le malheur d'autrui comme le leur. »

Avec un mental aussi intellectuel nous entrons dans la spiritualité et venons vers Amma. Nous voyons en Amma ce qu'un cœur épanoui signifie réellement, et nous sentons notre sécheresse en comparaison. Malgré tout, par habitude, notre intellect critique et juge, il s'efforce de mesurer et de comprendre Amma, au lieu de baigner dans sa présence. Nous risquons même de passer à côté de ce que nous apporte sa présence.

Connaître Dieu ou aimer Dieu

Il était une fois, il y a très longtemps, un érudit très versé dans les Ecritures. Mais les textes ne satisfaisaient pas l'aspiration intense de son esprit car il ne désirait rien de moins que de connaître Dieu dans Sa totalité. Ayant constaté que les Ecritures ne l'y aidaient pas, il se retira dans la solitude, loin des lieux fréquentés par les hommes, et y construisit un ermitage pour se consacrer entièrement à la connaissance de Dieu. Cet ermite n'avait que très peu de désirs et il passait ses jours et ses nuits à s'efforcer d'assouvir le seul désir de son cœur. Les jours, les mois passèrent, mais il demeurait incapable de comprendre quoi que ce soit au sujet de Dieu.

Les années passèrent, et malgré sa persévérance et son assiduité, l'ermite restait toujours aussi ignorant. La jeunesse passa et des cheveux gris apparurent dans ses boucles brunes ; l'énigme demeurait toujours intacte.

Un jour, alors qu'il marchait sur la plage, l'air abattu et pensif, réfléchissant à ses vains efforts, débattant intérieurement pour savoir s'il allait abandonner ou non, il vit non loin de là un petit garçon debout au bord de l'eau ; il semblait très occupé. Il se dit qu'un pêcheur avait dû amener son petit enfant et le laisser là avant de partir en mer. Comme il ne comprenait pas pourquoi le père aurait agi ainsi, il voulut interroger l'enfant.

Mais celui-ci ne remarqua pas sa présence ; il était bien trop occupé à jeter l'eau de la mer sur le sable avec ses petites mains. Un spectacle aussi inattendu éveilla la curiosité du sage à son paroxysme, et il demanda à l'enfant qui il était, pourquoi il jetait de l'eau ainsi, où était son père et une foule d'autres questions. Le petit n'avait pas le temps d'y répondre, la petite créature étant absorbée par cette activité en apparence vaine.

Enfin, las d'être dérangé, il répondit une fois pour toutes au sage : « Monsieur, je n'ai pas le temps de vous parler. Vous ne voyez pas que je dois enlever toute l'eau de cet océan pour l'assécher ? »

« Est-ce que tu es fou ? demanda le sage. Toi, petite créature, tu veux assécher l'océan, une tâche que l'ensemble de l'humanité ne songerait même pas à entreprendre ? »

« Mais monsieur, pourquoi me serait-il impossible de vider cet océan infini et de voir ce qu'il recèle dans ses profondeurs, s'il est possible pour vous de connaître et d'élucider le mystère infini de Dieu ? »

Puis l'enfant disparut. Mais ses douces paroles avaient pénétré dans le cœur de l'érudit, elles résonnaient à ses oreilles et le remplissaient d'une joie inexprimable. Dès lors, il abandonna ses vains efforts, et au lieu d'essayer de connaître Dieu, il L'aima.

CHAPITRE TROIS

Le détachement

Ceux qui ont lu les livres contenant l'enseignement d'Amma ont certainement remarqué qu'elle insiste beaucoup sur le détachement. Nous avons peut-être le sentiment qu'Amma incite tout le monde à devenir *brahmachari* (renonçant) ou *sannyasi* (moine). En réalité, il n'en est pas ainsi. Mais elle veut que nous tentions de demeurer en paix, quelles que soient les circonstances auxquelles le destin nous confronte. Chez la plupart d'entre nous, le moindre petit ennui à la maison ou au travail suffit à susciter l'inquiétude ou la colère. Cela nous paraît peut-être normal, puisque tout le monde se comporte ainsi.

Pourtant, Amma dit qu'il n'est pas nécessaire d'être agité ou malheureux quand les circonstances changent, quand les choses ne vont pas comme nous le désirons ou que les gens n'agissent pas conformément à nos souhaits. Selon elle, notre bonheur ne devrait pas dépendre à ce point des objets extérieurs ou des gens. Il existe à l'intérieur de tout être vivant une source unique de bonheur, mais elle ne se manifeste pas, un peu comme le beurre contenu dans le lait. Pour obtenir ce trésor, il faut travailler. Mais si nous y réussissons, alors rien ne pourra nous l'enlever, pas même la maladie ou la mort. Ce calme intérieur permanent est le véritable fruit de la spiritualité.

Un roi insensé se plaignit un jour que la terre rugueuse lui faisait mal aux pieds et il ordonna de recouvrir tout le royaume de peau de vache. Quand le roi lui fit part de son idée, le bouffon de la cour s'esclaffa : « Quelle idée folle, votre majesté, pourquoi cette dépense inutile ? Découpez deux petits morceaux de peau de vache pour vous protéger les pieds ! ». Les êtres éveillés savent que pour ne plus souffrir en ce monde, c'est le cœur qu'il faut changer et non le monde.

Il était une fois, dans l'Inde ancienne, un prince du nom de Rama. Le récit de sa vie est contenu dans un livre, le Ramayana, et pour tout être humain qui recherche un bonheur et une paix durables, ce récit a une valeur éternelle. Rama était le favori de ses sujets et de son père, le roi Dasharatta. Le roi décida de faire couronner Rama comme prince régent, héritier du trône. Quand Rama apprit la nouvelle, il sourit doucement.

La nuit qui précédait la cérémonie, l'autre épouse du roi, la belle-mère de Rama, insista pour que son fils à elle soit couronné héritier du trône et pour que Rama soit exilé dans la forêt pendant quatorze ans ! Avec beaucoup d'émoi, on informa Rama de cette décision, le matin même du couronnement.

Avec un doux sourire, il se retira joyeusement dans la forêt en disant qu'il avait beaucoup de chance de passer autant de temps dans la nature et auprès des sages qui vivaient dans les ermitages sylvestres. Que les circonstances fussent agréables ou désagréables, il n'exultait pas, il n'était pas malheureux. Il gardait l'équanimité.

Regardez la vie d'Amma. Elle a dû affronter énormément d'obstacles et de difficultés. Jamais elle ne s'est dérobée aux circonstances ni aux responsabilités, aussi difficiles, aussi éprouvantes qu'elles aient été. Elle est réellement le guru de tout être humain. Elle sait par expérience ce qu'est la souffrance.

Actuellement, Amma n'a plus le même genre de problèmes. Elle est bien connue et respectée en Inde. Mais elle a maintenant de nombreuses responsabilités. Il y a des orphelinats, des hôpitaux, des écoles, des instituts d'informatique, des universités, des ashrams et des temples. Il y a aussi des centaines de milliers de dévots dans le monde entier qui attendent d'elle conseils et protection. Malgré cela, Amma rayonne constamment d'une paix immuable, permanente, quoi qu'il puisse arriver autour d'elle.

Comment Amma peut-elle faire tout cela sans jamais être agitée ? C'est qu'elle ne considère rien comme sa propriété. Selon elle, tout appartient à Dieu. Cette attitude n'implique pas l'indifférence, mais plutôt le détachement. Amma fait tout aussi parfaitement que possible, en tant qu'Administrateur du Divin, mais elle perçoit clairement que tout est Sa volonté. Nous ne pouvons être que des instruments.

L'équanimité grâce au détachement

Il était une fois, dans l'antique cité d'Ayodhya, un mendiant. Il habitait au bord de la route dans une hutte en sacs de jute et survivait en allant de boutique en boutique, mendiant quelques centimes de chaque commerçant. Il portait un vieux bidon d'huile rouillé, qu'il avait trouvé sur un tas d'ordures. Certains des marchands avaient pitié de lui et lui donnaient quelques pièces chaque fois qu'il passait. Ils l'appelaient le mendiant au bidon d'huile. Il les bénissait et était heureux quand il avait assez d'argent pour acheter un peu de nourriture. D'autres commerçants ne voulaient pas être importunés, ils l'insultaient et le chassaient. Il était alors très déprimé et maudissait ceux qui le chassaient. Il menait ainsi une vie malheureuse, faite de hauts et de bas.

Un jour qu'il faisait sa tournée, une voiture arriva et il en sortit quatre hommes en uniforme. Ils se dirigèrent vers le mendiant qui se sauva, pris de panique. Après une intense poursuite, ils finirent par l'attraper, à son grand chagrin. Il les supplia de le laisser partir car il n'avait fait de mal à personne et n'avait rien volé. Mais sans l'écouter, ils l'embarquèrent dans la voiture. Il ignorait où il allait, ce qu'on lui voulait. Heureux de ne pas être battu, il garda le silence. Ils arrivèrent bientôt à un palais et sortirent de la voiture.

On l'emmena dans une pièce où on lui enleva son bidon rouillé et ses guenilles ; on lui fit prendre un bain avec de l'eau parfumée et on le vêtit d'habits royaux, fins et élégants. Puis on le conduisit dans la salle du banquet, où on lui offrit un repas délicieux, comme il n'en avait jamais fait de sa vie. En sortant de la salle, il se rappela son bidon d'huile et essaya de retourner dans la salle de bains où il l'avait laissée, mais les serviteurs lui barrèrent le passage. Il se fâcha et leur dit : « Pourquoi m'avez-vous ôté mon unique possession ? J'apprécie le bon repas que vous m'avez servi et les vêtements raffinés, mais maintenant je veux m'en aller. S'il vous plaît, rendez-moi donc mes haillons et mon bidon d'huile, pour que je puisse partir. » Les serviteurs lui dirent : « Mon bon monsieur, une surprise vous attend. Vos jours heureux ont commencé. Patientez un petit moment et vous comprendrez pourquoi nous vous traitons ainsi. » Ils le conduisirent à la cour royale, où tout le monde se leva et s'inclina devant lui.

Surpris, le mendiant crut qu'il rêvait. Il leur dit : « Messieurs, je ne sais pas pourquoi vous vous inclinez devant moi, mais vous me rendez fou en me traitant ainsi ». Le premier ministre répondit : « Votre Majesté, vous êtes l'héritier du trône. Veuillez nous honorer en vous asseyant maintenant sur le trône. » Le mendiant répliqua : « Vous faites erreur. Je ne suis qu'un mendiant. On m'a amené ici de force. Je ne suis pas votre roi, laissez-moi donc rentrer chez moi. »

Les ministres dirent alors : « Votre Majesté, vous ignorez votre ascendance. Vous êtes l'héritier du trône. Notre roi est mort sans enfant, nous avons donc recherché l'héritier dans la famille royale. Après une enquête approfondie, nous avons découvert qu'un parent éloigné du roi avait été enlevé par des voleurs alors qu'il traversait une forêt avec sa femme et son unique enfant. Les brigands l'avaient assassiné ainsi que sa femme, seul l'enfant avait été épargné et abandonné à son destin. Cet enfant avait un grain de beauté sur l'oreille gauche et une cicatrice au pied droit. Le roi, qui avait appris le meurtre quelques jours plus tard, avait fait rechercher partout cet enfant, mais en vain.

Le roi est mort récemment, nous avons alors nous aussi fait de gros efforts pour découvrir l'héritier, et tous les indices nous ont menés à vous. Pour notre plus grande chance, nous avons retrouvé le seul survivant de la lignée royale. Daignez donc accepter notre offre et gouverner le pays avec justice. »

Les années passèrent et le roi gouvernait le royaume, heureux. Un jour, alors qu'il traversait le palais, il remarqua un placard fermé à clé qu'il n'avait jamais noté auparavant. Il demanda la clé et l'ouvrit. Que découvrit-il ? Son vieux bidon d'huile et ses guenilles. Il eut une drôle d'idée. Il referma le placard et en garda la clé.

Le lendemain, il sortit le bidon et les haillons, puis les mit dans une valise. Il demanda ensuite à son chauffeur d'amener la voiture et lui donna congé pour la journée. Il monta dans la voiture après y avoir placé la valise, puis il se rendit dans la ville où il avait autrefois mendié. Il s'arrêta à la lisière, sortit et changea de vêtements. Le bidon à la main, le mendiant devenu roi parcourut les rues de la ville, en suivant son ancien circuit.

Quelques personnes reconnurent le mendiant d'autrefois et lui donnèrent quelques centimes. D'autres l'insultèrent et le chassèrent. Mais cela ne provoqua en lui ni jubilation ni dépression.

Il savait qu'il était en réalité le roi du pays. Après avoir passé la journée à mendier, il retourna au palais et assuma de nouveau ses responsabilités de roi.

Tel est l'état de celui qui a atteint la perfection. Il a conquis son mental et vit dans la sérénité. Il sait qu'il est la Béatitude infinie et n'est pas affecté par les plaisirs et les peines de la vie. Ses joies et ses chagrins apparents ne sont que des vagues superficielles qui passent sur le calme éternel de son Soi réel. Il a utilisé toutes les circonstances pour devenir de plus en plus solidement ancré dans cet état inébranlable. Tel est le but qu'Amma nous montre. Elle nous offre un exemple parfait et éclatant de ce qu'elle enseigne.

CHAPITRE QUATRE

L'unité avec Dieu

Des dizaines de milliers de personnes de tous âges, de tous milieux et de tous horizons viennent voir Amma. Et bien que chacun arrive avec ses propres désirs, souhaits, besoins ou peurs, Amma leur montre le même but : atteindre le bonheur durable. Sa présence, notre contact avec elle, nous donne un aperçu, un vague reflet de cette béatitude.

Amma satisfera la plupart de nos désirs si elle a le sentiment qu'ils sont bons pour nous sur le long terme, mais en définitive, elle souhaite que nous transcendions nos désirs aussi bien que nos peurs afin d'atteindre la béatitude de l'état de *samadhi*. En réalité, elle sait que chacun de nous, quel qu'il soit, peut accéder à ce niveau sublime de l'existence. Si quelqu'un cherche à assouvir ses désirs, à obtenir des succès dans le monde, elle ne le décourage pas. Mais elle affirme que finalement, seul le samadhi peut satisfaire la soif de l'âme. Nous avons peut-être le sentiment qu'il est impossible à la plupart d'entre nous d'atteindre un tel état. Nous sommes satisfaits de notre condition humaine. Un peu de plaisir et pas trop de soucis, cela nous suffit.

Mais Amma dit que nous ne faisons qu'un avec Dieu, l'Océan de Béatitude, bien que nous n'en ayons pas actuellement conscience. Sa mission est de nous éveiller à cette vérité, quel que soit le temps nécessaire. Elle voit le Divin en nous, comme un sculpteur voit une belle statue dans une pierre brute.

Dans son chant Ananda Vithi, Amma nous indique clairement la mission qui lui a été donnée par la Mère divine :

Un jour, il y a bien longtemps, mon âme dansait en extase sur la voie de la béatitude. Alors, tous les ennemis intérieurs tels que l'attraction et la répulsion s'enfuirent et allèrent se cacher dans les recoins les plus profonds de mon esprit.

M'oubliant, je me fondis dans un rêve doré jailli de mon être intérieur. De nobles aspirations virent le jour dans mon esprit.

La Mère divine de l'univers me caressa la tête de Ses mains douces et lumineuses. Je restai debout, la tête inclinée avec respect et je dis à la Mère divine que ma vie Lui était consacrée.

Aujourd'hui encore, je tremble de béatitude en me rappelant les paroles de Mère. O pure Conscience, Incarnation de la Vérité, je vivrai en accord avec Tes paroles !

En souriant, Elle se transforma en lumière divine et se fondit en moi. Les évènements de millions d'années défilèrent alors devant mon œil intérieur.

Mère me dit alors de demander aux êtres humains d'accomplir le But de la vie. Mon esprit s'épanouit, baigné dans la lumière multicolore du Divin.

A partir de ce jour, je fus incapable de percevoir quoi que ce soit comme différent ou même séparé de mon Soi intérieur ; tout ne faisait plus qu'un. Je me fondis en la Mère divine, les plaisirs de ce monde perdirent pour moi tout attrait et je renonçai à eux.

« O Homme, ne fais plus qu'un avec Ton Soi ! » Cette vérité sublime prononcée par Mère, je la proclame au monde entier. Puisse-t-elle être le refuge et le réconfort de tous ceux qui ploient sous le fardeau de souffrances innombrables.

Des milliers et des milliers de yogis sont nés dans le pays de Bharat (l'Inde) et ont vécu selon les principes que les grands sages de jadis ont perçus dans leur méditation. Pour guérir les souffrances de l'humanité, il existe des vérités profondes. « Mes enfants chéris, abandonnant toute autre tâche, venez à moi. Vous êtes miens à jamais. »

Bien que le conseil d'Amma semble dépasser totalement nos forces, avançons dans le pèlerinage de la vie avec foi en elle, pour retourner à l'état de Béatitude qu'est l'unité avec le Divin. Plus que toute autre chose, la foi est la puissance qui rendra cela possible.

La chenille et le papillon

« Je vais t'embaucher comme nourrice pour mes pauvres enfants, » dit un papillon à une chenille silencieuse qui se promenait sur une feuille de chou. « Vois ces petits œufs, reprit le papillon, j'ignore combien de temps il leur faudra pour éclore et je me sens très malade. Si je devais mourir, qui s'occuperait de mes bébés papillons ? Le feras-tu, chenille verte si bonne et si douce ? Certes, ils ne peuvent pas vivre de ta nourriture grossière. Il faut leur donner la rosée du matin et le nectar des fleurs, et il faut les faire voler petit à petit au début. Mon Dieu ! Quel dommage que tu ne puisses pas voler toi-même. Mon Dieu, mon Dieu, je ne comprends pas ce qui m'a poussé à pondre mes œufs sur une feuille de chou ! Quel endroit pour y faire naître de jeunes papillons ! Prends la poussière dorée de mes ailes en remerciement. Oh, j'ai le vertige ! Dis, chenille, tu te rappelleras ce qu'il faut comme nourriture… »

Et sur ces mots, les ailes de la maman-papillon s'affaissèrent et elle mourut. La chenille verte, qui n'avait pas eu la chance de dire oui ou non, se retrouva seule à côté des œufs du papillon. « Elle a choisi une belle nourrice, la pauvre femme ! s'exclama la chenille, et me voilà avec une belle mission sur les bras ! Pourquoi donc a-t-elle demandé à une pauvre créature rampante comme moi d'élever ses enfants si délicats ! Je suis certain qu'ils vont m'obéir quand ils sentiront les ailes sur leur dos et qu'ils pourront voler ! »

Mais le pauvre papillon était mort, les œufs se trouvaient sur la feuille de chou et la chenille verte avait le cœur tendre, elle résolut donc de faire de son mieux. « Mais deux têtes valent mieux qu'une, se dit-elle, je vais consulter sur le sujet un animal plein de sagesse. » Alors elle réfléchit longtemps, puis elle pensa à l'alouette. Elle imagina que puisqu'elle montait si haut dans le ciel, et que personne ne savait où elle allait, elle devait être très intelligente et connaître beaucoup de choses.

Il se trouve qu'une alouette habitait le champ de maïs voisin. La chenille lui envoya un message, en la priant de venir lui parler. Quand elle arriva, elle lui raconta toutes ses difficultés, et lui demanda comment nourrir et élever les petits papillons. « Peut-être pourras-tu apprendre quelque chose là-dessus la prochaine fois que tu monteras haut dans le ciel, » dit la chenille timidement.

« Peut-être, » répondit l'alouette, puis elle s'éleva en chantant dans le ciel bleu lumineux ; la chenille ne pouvait plus ni la voir ni l'entendre. Elle se mit donc à marcher autour des œufs de papillon, tout en grignotant un peu de feuille de chou par-ci par-là.

Quand elle entendit enfin de nouveau la voix de l'alouette, la chenille en bondit presque de joie. Elle vit bientôt son amie descendre vers le chou. « Des nouvelles, des nouvelles, mon amie la chenille, chanta l'alouette, mais tu ne me croiras sans doute pas ! Et tout d'abord, je vais te dire ce que ces petites créatures doivent manger. A ton avis, quelle est leur diète ? Devine ! »

« De la rosée et le nectar des fleurs, je le crains bien ! » soupira la chenille.

« Absolument pas, mon amie, s'écria l'alouette, il faut les nourrir de feuilles de chou » !

« Jamais de la vie ! répondit la chenille indignée, leur mère avant de mourir m'a demandé de leur donner de la rosée et du nectar. »

« Leur mère n'y connaissait rien, répondit l'alouette, mais pourquoi me demandes-tu de te renseigner si ensuite tu ne me crois pas ? Tu n'as ni confiance ni foi. Et qu'est-ce qui va sortir de ces œufs, à ton avis ? »

« Mais... des papillons, sans aucun doute, » dit la chenille.

« Des chenilles !, chanta l'alouette, tu le découvriras le moment venu. » Et l'alouette s'envola.

« Je croyais que l'alouette était sage et bonne, se dit la chenille, en recommençant à marcher autour des œufs, mais je découvre qu'elle est sotte et impertinente. Peut-être que cette fois, elle est montée trop haut. »

L'alouette redescendit une fois encore et dit : « Je vais te dire encore autre chose. Un jour, tu deviendras toi-même un papillon ! »

« Maudit oiseau, s'exclama la chenille, tu te moques de moi. Tu n'es pas seulement stupide, mais cruel ! Va-t-en ! Je ne te demanderai plus conseil ».

« Je t'avais dit que tu ne me croirais pas, » chanta l'alouette.

« Je crois tout ce qu'il est raisonnable de croire, mais me dire que les œufs de papillon sont des chenilles et que les chenilles commencent par ramper pour ensuite avoir des ailes et devenir des papillons ! Alouette, tu ne crois pas toi-même de telles sottises ! Tu sais bien que cela est impossible ! Regarde mon corps long et vert, et toutes mes pattes, et parle-moi encore d'avoir des ailes. Idiote ! »

« Oh chenille ! s'exclama l'alouette indignée, ce qui vient d'en haut, je le reçois avec confiance ! ».

« Que veux-tu dire ? » demanda la chenille.

« Je le reçois avec foi, » répondit l'alouette.

« Comment apprendre la foi ? » demanda la chenille. C'est alors qu'elle sentit quelque chose bouger à ses côtés. Elle regarda et découvrit huit ou dix petites chenilles vertes qui se déplaçaient et avaient déjà fait un trou dans la feuille de chou ! Elles étaient sorties des œufs de papillon ! La honte et l'étonnement envahirent le cœur de la chenille, bientôt suivis de la joie. Car si le premier miracle était possible, le second l'était peut-être aussi.

L'alouette lui avait enseigné la leçon de la foi, et entrant dans son cocon, elle se dit : « Je serai un jour un papillon ! » Mais sa famille la croyait folle et s'apitoyait : « Pauvre fille ! »

La Bhagavad Gita dit :

La foi de chacun correspond à ses dispositions inté-
rieures, Ô descendant de Bharata. Un être humain est
en vérité ce qu'est sa foi.

-Ch. 17, v. 3

Qui possède la foi, consacre sa vie à ce but et maîtrise
les sens, atteint cette Sagesse. Une fois qu'il l'a obtenue,
il accède aussitôt à la paix suprême.

-Ch. 4, v. 39

Quand nos efforts et la grâce d'Amma porteront leurs fruits,
quelle sera notre expérience ? Ecoutez les paroles d'un mahatma
qui avait réalisé la Vérité de son être.

« Je ne suis ni un homme ni un dieu, ni un brahmachari, ni un père de famille, ni un sannyasi ; je suis pure
Conscience.

Comme le Soleil est la cause de tous les mouvements
terrestres, c'est Moi, - le Soi omniprésent et conscient-
qui suis la cause de l'activité du mental et qui fait fonctionner les sens.

Seuls les yeux qui reçoivent l'aide du Soleil ont la capacité
de voir les objets, pas les autres. La Source de la puissance
du Soleil, c'est mon Soi. Comme le reflet du Soleil sur
des eaux agitées semble fragmenté, mais demeure parfait
sur une surface calme, ainsi, Moi, le Soi conscient, Je
ne suis pas reconnaissable par un intellect agité, tandis
que Je brille clairement en celui qui est calme.

Comme un cristal transparent prend la couleur de son support, sans changer le moins du monde pour autant, comme la Lune immuable paraît agitée sur une surface ondulante, ainsi en est-il de moi, la Réalité suprême omniprésente. »

—Hastamalaka Stotra

Telle est l'expérience de la Réalisation du Soi.

CHAPITRE CINQ

L'innocence enfantine envers le Guru

Amma insiste beaucoup sur l'importance de l'innocence dans la vie spirituelle. Le Christ s'exprime de manière similaire :

> « A moins que vous ne deveniez comme des petits enfants, vous n'entrerez jamais au Royaume des Cieux. Celui qui est humble comme ce petit enfant est le plus grand au Royaume des Cieux. Laissez venir à moi les petits enfants, et ne les en empêchez pas, car tel est le Royaume des Cieux. »

Le Royaume des Cieux n'est pas situé là-haut, au-delà des nuages. C'est l'état de Conscience où l'on ne fait qu'un avec le Divin. C'est peut-être aussi un plan d'existence réel, où demeurent les âmes éveillées.

Essayez de vous rappeler, quand vous étiez enfant. Quelle est la principale différence entre cette époque et maintenant ? Les enfants croient tout ce qu'on leur dit avec innocence, et ils n'ont pas d'inquiétude. Ils vivent dans le présent. Leurs sentiments négatifs sont de courte durée. Ils sont pleins de vie et perçoivent tout ce qui les entoure comme plein de vie. Leurs idées au sujet de Dieu sont pour le moins rafraîchissantes et innocentes .

Comment un enfant de six ans perçoit Dieu

« Une des tâches principales de Dieu consiste à fabriquer des humains. Il les fabrique pour remplacer ceux qui meurent pour qu'il y ait assez de monde pour s'occuper des choses sur la terre. Il ne fait pas les adultes ; Il ne fait que les bébés. Je pense que c'est parce qu'ils sont plus petits et plus faciles à faire. Comme ça, Il ne perd pas son précieux temps à leur apprendre à marcher et à parler. Il laisse cela aux parents. Je pense que ça marche très bien.

Ensuite, la tâche principale de Dieu, c'est d'écouter les prières. Ça Lui prend un temps fou, parce qu'il y a des gens, comme ceux qui prêchent etc., qui prient à d'autres moments qu'avant d'aller au lit ; et puis grand-père et grand-mère prient toujours avant de manger, sauf pour les snacks. Dieu n'a pas le temps d'écouter la radio ou de regarder la télé à cause de ça. Dieu entend tout, alors Il doit avoir beaucoup de bruit dans les oreilles, à moins qu'Il ait trouvé un moyen de baisser le son.

Dieu voit tout et entend tout, Il est partout, ça L'occupe beaucoup. Donc il ne faut pas lui faire perdre son temps en demandant des choses qui ne sont pas importantes, ou bien en demandant, derrière le dos des parents, des choses auxquelles ils ont dit non. De toutes façons, ça ne marche pas ».

- Le Journal joyeux

Quand nous venons auprès d'un maître réalisé comme Amma, elle fait beaucoup d'efforts pour révéler notre côté innocent. Comment devient-on innocent ? Ce n'est pas que nous ne le soyons pas. L'innocence est là, mais cachée derrière la façade de la colère, de l'orgueil, de la concupiscence, de l'ambition et autres traits de caractère des « adultes ».

Pour que l'innocence brille, il faut que ces imperfections disparaissent. Le soleil est toujours présent, même quand le ciel est couvert de nuages. L'innocence est notre vraie nature ; nous sommes en vérité des enfants de Dieu, mais par inadvertance, nous sommes devenus des enfants de « l'homme ». La vie d'Amma est consacrée à nous éveiller à notre vraie nature. En réalité, le seul fait de passer quelque temps auprès d'elle nous permet de gagner en innocence. Sa présence est comme le soleil qui assèche la moisissure. Elle assainit nos côtés négatifs pour faire briller « l'enfant intérieur ». Nous éprouvons du soulagement et une fraîcheur apaisante quand nous sommes avec elle.

Amma sait que le fait d'être en sa compagnie n'est que l'amorce des retrouvailles avec notre innocence. Elle travaille personnellement sur nous lorsque nous sommes physiquement avec elle et même lorsque nous sommes loin d'elle. Notre vie devient une purification, afin de libérer notre mental des imperfections qui le recouvrent. Nous avons avalé le poison de la négativité. Il est nécessaire de le vomir pour que la pureté brille en nous. Si nous voulons faire vomir quelqu'un, nous lui faisons boire beaucoup d'eau salée ou bien nous lui mettons un doigt dans la gorge.

De même, Amma crée dans notre vie des situations qui font ressortir le pire de nous-mêmes, afin que le meilleur puisse ensuite briller. Nous avons peut-être le sentiment qu'après notre rencontre avec elle, la colère, le désir sexuel, l'orgueil ou la malchance n'ont fait que grandir en nous. Nous imaginions qu'en vivant près d'Amma, nous éprouverions de plus en plus de béatitude, mais qu'est-il arrivé ? Quand nous vomissons un produit qui nous rend malade, au départ nous nous sentons affreusement mal. Ensuite, nous nous rétablissons. Le stade de la souffrance que nous traversons par la grâce d'Amma s'achèvera un jour pour laisser place à la béatitude. C'est un principe spirituel : d'abord la souffrance, puis la béatitude.

Comme une mère tient son enfant par la main quand il apprend à marcher, Amma garde son Œil de Sagesse, omniprésent, toujours fixé sur ses enfants tandis qu'ils s'efforcent de marcher sur la voie de la réalisation. Elle fera son devoir envers nous, mais notre foi ne doit pas vaciller. Amma nous emmène en pays inconnu de la cartographie. Nul ne connaît exactement le trajet d'un oiseau dans le ciel ou d'un poisson dans l'océan. La vraie spiritualité est ainsi. La voie est subtile et différente pour chacun. On ne la trouve pas dans les livres et on ne peut pas l'apprendre, sinon par la grâce d'un mahatma.

En essence, il s'agit d'abandonner l'ego, le sentiment illusoire de l'individualité, à la volonté de Dieu et du guru. Cela nous mènera au but que le Maître nous montre. Certes, à cause de notre éducation moderne, ce processus nous paraît aller contre notre intuition. La culture actuelle nous enseigne à renforcer de plus en plus la personnalité. Est-ce réellement la manière d'être en paix et heureux ? Sans paix intérieure, il ne peut en effet y avoir de bonheur.

Une manière de concevoir ce processus est de se considérer comme une vague dans l'océan. L'océan est Dieu et la vague est une manifestation de l'océan. Elle n'en est jamais séparée mais semble avoir une existence individuelle. Les profondeurs de l'océan sont calmes mais la vague est constamment agitée, en mouvement. Si elle pouvait simplement sombrer sous la surface, elle ferait l'expérience de son unité avec le vaste océan et se fondrait en lui.

Un test du guru

Bhai Gurudas était l'oncle et le disciple plein de dévotion du guru Sikh Arjan. Il composa un jour les strophes suivantes et les lut au guru :

> Si une mère est impie, il n'appartient pas à son fils de
> la punir.
> Si une vache avale un diamant, il ne faut pas lui ouvrir
> le ventre ;
> Si un mari est infidèle, sa femme ne doit pas l'imiter
> ou perdre sa chasteté ;
> Si une femme de haute caste se met à boire du vin, les
> gens ne doivent pas le prendre mal.
> Si le guru met son disciple à l'épreuve, la foi du disciple
> ne doit pas vaciller.

Guru Arjan écouta attentivement ce que lisait Gurudas. Quand il eut terminé, le guru songea : « Tout cela est plus facile à dire qu'à faire. Mettons donc sa foi à l'épreuve. » Il se tourna vers Gurudas et dit : « Oncle, je dois acheter des chevaux à Kaboul. Pourrais-tu le faire pour moi ? » « Mais pourquoi pas ? Certainement, » répondit Gurudas.

Le guru remplit donc plusieurs sacs de souverains d'or. Gurudas les compta, scella les sacs et les mit dans de solides coffres en bois que l'on chargea sur des mules, puis il partit avec nombre de disciples pour faire ce voyage long et difficile, depuis Lahore, où vivait le guru, jusqu'à Kaboul. Enfin, après avoir franchi le col du Khyber, ils arrivèrent à Kaboul, au milieu des montagnes de l'Hindou Koush.

Au grand marché équestre de cette ancienne cité, Gurudas marchanda et acheta les meilleurs chevaux qu'il put trouver. Les autres disciples les emmenèrent pour les conduire lentement à Lahore. Pendant ce temps, Gurudas demanda aux marchands de chevaux de venir à sa tente pour qu'il les paye. Il les fit attendre dehors et entra dans la tente pour y prendre l'or.

Il ouvrit quelques-uns des coffres et en sortit les sacs, mais il eut le sentiment que quelque chose n'allait pas. Il ouvrit les sacs, et fut horrifié de découvrir qu'ils étaient remplis de cailloux et non pas d'or. Pétrifié de peur, car il connaissait la nature sauvage des marchands de chevaux, il songea : « Ils attendent dehors que je les paye, et si je ne le fais pas, ils vont me découper en morceaux ». Il réfléchit et décida finalement que la seule manière d'échapper à la mort était de découper une ouverture à l'arrière de la tente et de fuir. Il ne pria même pas son guru de l'aider, tant il était terrifié. Il s'enfuit et courut aussi vite qu'il le pouvait. Il traversa Lahore, mais comme il avait honte et ne voulait pas se retrouver devant le guru, il continua jusqu'à Kashi, des centaines de kilomètres plus à l'est.

Pendant ce temps, les autres membres du groupe entrèrent dans la tente pour voir pourquoi il mettait aussi longtemps. Ils trouvèrent tous les coffres ouverts et remplis d'or, mais aucune trace de Gurudas.

Ils remarquèrent aussi le trou à l'arrière de la tente. Ils payèrent les marchands et rentrèrent à Lahore, où ils racontèrent à Guru Arjan tout ce qui était arrivé.

Une fois Gurudas installé à Kashi, il exposa les grandes vérités des Ecritures dans les lieux publics et ses discours attirèrent bientôt les foules. Finalement, même le Gouverneur de Kashi vint l'écouter et admirer ses beaux discours. Au bout de quelques mois, Guru Arjan envoya une lettre au Gouverneur de Kashi, dans laquelle il disait : « Il y a à Kashi, un voleur qui est des miens, et je vous écris pour vous demander de le faire prisonnier, de lui lier les mains et de me l'envoyer. Il ne vous sera pas difficile de le trouver. A la seule lecture de cette lettre sur les places publiques, là où on tient des discours religieux, le voleur viendra se présenter et avouer son méfait. »

Et un jour, la lettre fut lue publiquement là où Gurudas était en train de donner un enseignement à une vaste foule. Dès qu'il entendit la lettre, il se leva et déclara : « Je suis le voleur du guru. » Ses auditeurs en furent sidérés.

« Tu ne peux pas être un voleur, car tu es un saint homme. Le voleur est sûrement quelqu'un d'autre. »

Mais Guruda insista : « Non, c'est moi le voleur. Il n'y a aucun doute là-dessus. S'il vous plaît, attachez-moi les mains afin que je ne m'échappe pas. »

Personne ne s'avança pour le faire, car il était impensable d'attacher un saint homme comme un simple malfaiteur. Alors Gurudas dénoua son turban et le coupa en deux. Puis il s'en servit pour se lier les mains. C'est ainsi qu'il se mit joyeusement en route vers Lahore.

Quand il arriva enfin et se présenta devant le guru, celui-ci dit :

« Frère, s'il te plaît, répète les versets que tu m'as lus juste avant que je te demande d'aller à Kaboul. »

Mais Gurudas, sa foi et son amour ayant été mis à l'épreuve et ayant traversé quelques expériences amères, tomba aux pieds du guru et s'exclama :

« Si une mère donne du poison à son fils, qui le sauvera ?
Si le gardien s'introduit dans la maison, qui la protègera ?

Si le guide induit le voyageur en erreur, qui lui montrera le chemin ?

Et de même, si le guru met le disciple à l'épreuve, qui peut l'aider à demeurer ferme ? »

Seul le satguru, par à sa puissance spirituelle et sa grâce, peut permettre au disciple de rester ferme et plein de dévotion dans des circonstances éprouvantes.

CHAPITRE SIX

La bonté et l'égoïsme

Amma dit :

> « Mes enfants, si vous souhaitez atteindre la libération,
> abandonnez tout égoïsme. Efforcez-vous d'écouter les
> chagrins des affligés. »

La plupart d'entre nous ne savent pas ce qu'Amma entend par « libération ». Ce mot signifie généralement la liberté ou la délivrance d'une prison, de l'esclavage ou de l'oppression. Amma veut dire la même chose, mais au sens le plus vaste du terme : être libre de toutes les limitations de l'existence individuelle. Nous n'avons peut-être pas les mains et les pieds enchaînés, nous ne sommes peut-être pas enfermés dans une prison ou dans une pièce, mais notre mental ne manque jamais de réagir par l'attraction, la répulsion ou la peur, ce qui entraîne le plaisir, la souffrance ou l'angoisse, selon les circonstances. La plupart d'entre nous n'ont que très peu de paix intérieure, et il suffit d'un instant pour anéantir le peu que nous possédons. Notre mental est agité comme un singe et il faut l'occuper à chaque instant. Sinon nous nous ennuyons ou nous nous endormons.

Imaginons que nous investissions beaucoup d'argent dans des actions. A mesure que le cours de la bourse monte, notre joie grandit. Nous sommes au septième Ciel. Puis la banque fédérale donne de mauvaises nouvelles et le cours de la bourse chute, ou encore les actions de notre entreprise s'effondrent, ou nous reculons face à nos concurrents. Peut-être que notre patron se met à nous harceler. Avant que nous ne puissions remédier à la situation, une partie de notre bonne fortune et de notre sérénité s'est envolée. Nous voilà malheureux, en proie à une inquiétude constante. Cela se produit tout le temps autour de nous, mais nous ne pensons pas que cela puisse jamais nous arriver.

Il y a de nombreuses années, j'ai connu un dévot qui avait tout perdu lorsque la bulle technologique en bourse a explosé. Mais tandis que certains se suicidaient, il a réussi à garder un mental paisible grâce à sa sadhana et à toutes les années où il avait suivi Amma. C'était un véritable exemple des bienfaits pratiques que l'on obtient en suivant les enseignements d'Amma sur l'abandon de soi et le détachement.

Il est étrange que l'être humain ordinaire n'apprenne pas cette technique de ses parents ou bien à l'école. C'est sans doute la raison pour laquelle, selon Amma, il existe deux sortes d'éducation : l'une pour gagner sa vie et l'autre pour savoir comment vivre. Même des circonstances triviales peuvent bouleverser nombre d'entre nous.

Nous avons tous entendu parler de conducteurs pris de rage. Ou bien c'est notre conjoint, notre enfant ou notre ami qui nous fait attendre, et nous voilà furieux. Nous hurlons peut-être contre ceux qui nous font souffrir, même très légèrement. La vie finit par devenir un enfer, pour nous et pour ceux qui nous connaissent.

Le secret du Ciel et de l'enfer

Un vieux moine japonais était assis au bord de la route, les yeux fermés. Jambes croisées, les mains posées l'une sur l'autre dans son giron, il était plongé dans une méditation profonde. Soudain, sa méditation fut interrompue par la voix rude et exigeante d'un guerrier samouraï. « Oh là, vieil homme, enseigne-moi le secret du Ciel et de l'enfer ! ». Tout d'abord, il n'y eut pas de réponse perceptible de la part du moine, comme s'il n'avait pas entendu. Puis, lentement, il ouvrit les yeux, l'ombre d'un sourire jouant aux commissures de ses lèvres. Le samouraï demeurait là, attendant avec impatience, et son agitation augmentait à chaque seconde.

« Tu désires connaître les secrets du Ciel et de l'enfer ? », répliqua enfin le moine, « Toi qui es si négligé, dont les mains et les pieds sont couverts de saleté, les cheveux non peignés, l'haleine nauséabonde, dont l'épée est rouillée et mal entretenue ; toi qui es laid et que ta mère habille de façon curieuse, tu me demandes de te révéler les secrets du Ciel et de l'enfer ? »

Le samouraï prononça un méchant juron. Il tira son épée et l'éleva au-dessus de sa tête. Son visage devint cramoisi et les veines de sa nuque se gonflèrent et devinrent apparentes : il se prépara à trancher la tête du moine.

« Voilà l'enfer », dit doucement le moine, juste au moment où l'épée commençait sa descente. En une fraction de seconde, le samouraï fut saisi d'étonnement, de respect sacré, de compassion et d'amour pour cet être si doux qui avait osé risquer sa vie pour lui transmettre un tel enseignement. Il stoppa son épée au milieu de sa course et ses yeux se remplirent de larmes de gratitude. « Et cela, dit le moine, c'est le Ciel. »

A cause de maya, la divine puissance d'illusion, notre mental regarde à travers les fenêtres des sens et nous fait croire que le bonheur est à l'extérieur. Nous cherchons toujours à apaiser notre agitation intérieure et à satisfaire notre besoin de paix et de bonheur en adaptant les circonstances pour qu'elles nous apportent un maximum de plaisir, et ensuite nous nous y accrochons. A moins que nous ne soyons très altruistes, une espèce rare, nous devenons égoïstes et faisons tout pour préserver notre bonheur, fût-ce au prix de celui des autres. Il s'agit-là d'un bonheur très précaire, qui peut s'effondrer à tout instant, s'évaporer au moindre tournant du destin.

Nous paraissons jouir d'une certaine liberté, mais bien souvent, malgré tous nos efforts, les choses ne vont pas comme nous le désirons. En définitive, quand nous vieillissons ou bien même avant cela, notre santé se détériore et nous mourons. A ce moment-là, aucun médecin ne peut nous aider. Le corps et le mental sont liés par les lois de la nature. Ce n'est pas un scénario très plaisant. La vie est remplie de limitations qui se terminent par la mort.

Quand Amma parle d'atteindre la Libération, cela signifie échapper à la nécessité de se réincarner pendant toutes les vies qu'il nous faudra traverser si nous ne purifions pas notre mental. L'énergie de notre quête constante du bonheur nous fait passer par de nombreuses vies, jusqu'à ce que la désillusion nous incite à tourner le mental vers l'intérieur pour y trouver notre vrai Soi, la source du bonheur, et y demeurer à jamais. C'est cela, la Libération, la libération du cycle en apparence sans fin de la naissance, de la mort et de la renaissance, le *samsara*. Tel est le but sublime de ce pèlerinage de la vie que font tous les êtres vivants.

Pour trouver notre vrai Soi, il faut non seulement faire différentes pratiques spirituelles comme le mantra japa, la méditation, les chants dévotionnels et l'étude des Ecritures, mais encore développer la bonté, la patience et la compassion, en d'autres termes, l'altruisme. L'ego, l'individu auquel nous nous identifions par erreur s'en trouve peu à peu purifié et notre conscience grandit pour révéler notre vraie nature. Nous croyons pouvoir être heureux en étant égoïste, mais nous obtenons sans cesse le résultat opposé. Tel est le jeu de maya. Cette attitude égoïste ferme le lotus du cœur.

Tout le monde a un cœur, non pas l'organe qui pompe le sang, mais l'endroit du corps où nous ressentons le bonheur et la détresse. Quand il est fermé et obscur, nous n'éprouvons aucun bonheur, aucune paix. Quand il s'ouvre un peu, un peu de lumière y entre et nous sommes heureux et en paix. Plus il s'ouvre, plus notre vie est remplie de béatitude et de paix. Un cœur pleinement épanoui, c'est la réalisation du Soi. Les pensées et les actions négatives telles que la colère, l'impatience, l'égoïsme, la vengeance, etc., le ferment. Les pensées positives telles que l'affection, la patience, l'altruisme, l'abnégation, le pardon et le partage, l'ouvrent.

Le grand sage Patanjali nous indique quelle attitude adopter pour que notre cœur reste ouvert :

« En se montrant amical envers ceux qui sont heureux, compatissant envers les malheureux, en prenant plaisir à la compagnie des êtres vertueux et en ne tenant aucun compte des méchants, le mental garde un calme que rien ne peut troubler ».

Yoga Sutras de Patanjali, Ch.1, v.33

Nous pouvons l'ouvrir en faisant de bonnes actions, en prononçant de bonnes paroles et en cultivant de bonnes pensées. Il ne faut pas, consciemment ou inconsciemment, le fermer et souffrir. Utilisons le « Sésame ouvre-toi » de la bonté. C'est très simple ; c'est une philosophie qui n'est pas difficile à suivre. Les mahatmas sont plus heureux quand nous faisons de bonnes actions, renonçant à l'égoïsme, que quand nous leur apportons des fleurs, des vêtements et des fruits ou encore chantons des *bhajans* (chants dévotionnels) et méditons.

Une histoire sur la bonté

La Bible ne nous dit pas combien d'hommes sages, de mages, firent le voyage jusqu'à Bethléem en suivant l'étoile, au moment de la naissance de Jésus. La tradition populaire raconte qu'ils étaient trois : Gaspar, Melchior et Balthazar. Mais une tradition parle d'un quatrième mage, nommé Artaban. Pour se préparer à suivre l'étoile, Artaban emporta un saphir, un rubis et une perle de grande valeur, afin de les offrir au roi nouveau-né, là où il le trouverait. En route pour rejoindre les autres mages, Artaban s'arrêta pour soigner un voyageur malade. Mais en restant plus longtemps, il allait manquer le rendez-vous avec ses amis. Il décida de rester, et le retard ainsi causé fut juste suffisant pour lui faire manquer le départ de la caravane. Artaban se retrouva seul, et il lui fallait le transport et les provisions nécessaires pour traverser le désert. Alors il vendit le saphir pour acheter des chameaux et du matériel, mais il s'en attrista car ainsi, jamais il ne pourrait offrir la pierre précieuse au Roi.

Artaban continua son voyage et arriva à Bethléem, mais de nouveau, il était trop tard. Des soldats exécutaient les ordres d'Hérode et tuaient tous les enfants mâles. Artaban sortit donc le rubis brillant pour soudoyer le capitaine et sauver les enfants du village où il séjournait. Les enfants eurent la vie sauve et les mères se réjouirent, mais le rubis, lui non plus, il ne pourrait l'offrir au Roi. Pendant trente-trois ans, Artaban chercha en vain, et il finit par arriver à Jérusalem le jour où devaient avoir lieu plusieurs crucifixions. Il se hâta vers le Calvaire afin d'acheter le garde romain avec la perle précieuse et de sauver Jésus. Quelque chose lui disait que c'était lui, le Roi des rois qu'il avait cherché toute sa vie.

C'est alors qu'une jeune femme que l'on traînait dans la rue vers le marché aux esclaves appela Artaban, en implorant son aide. Il eut une légère hésitation, puis il donna le dernier joyau, la perle de grand prix, comme rançon pour cette femme. Maintenant, Artaban ne possédait plus aucune des pierres précieuses qu'il avait voulu offrir au Roi.

En arrivant au lieu de la crucifixion, il eut le cœur brisé en voyant qu'il ne pouvait rien faire pour aider Jésus. C'est alors qu'une chose remarquable se produisit. Jésus regarda Artaban et lui dit : « Ne t'afflige pas, Artaban. Tu m'as aidé toute ta vie. Tu m'as nourri quand j'étais affamé, tu m'as donné à boire quand j'avais soif, tu m'as vêtu quand j'étais nu, tu m'as hébergé quand j'étais étranger. »

Certains disent qu'Artaban n'a jamais trouvé le Christ, d'autres affirment qu'il était le plus sage de tous les mages. Je suis certain qu'Amma serait d'accord avec les seconds.

Ouvrir le lotus du cœur est ce qu'il y a de plus difficile et de plus gratifiant. Cela coupe la racine de l'ego, l'égoïsme. C'est en soi une pratique spirituelle (*sadhana*) et une ascèse (*tapas*). Ecouter avec patience ceux qui souffrent, sans agitation ni ennui, oublier son petit « moi » pour les réconforter, c'est la voie royale d'une vie d'abnégation, telle qu'Amma nous la montre à chaque instant du jour et de la nuit. Pouvons-nous suivre son exemple, si peu que ce soit ? Nous pouvons certainement essayer.

CHAPITRE SEPT

La paix est notre vraie nature

Nous désirons tous la paix intérieure. Les plaisirs des sens, quels qu'ils soient, finissent toujours par lasser ; nous n'aspirons alors plus qu'à une chose : la paix. Un homme ou une femme riche jouit peut-être de tous les plaisirs possibles et imaginables, mais en définitive, épouse ou époux, amant ou amante, personne ne peut garder éveillé celui qui est fatigué et veut savourer la béatitude du sommeil. Qu'est-ce qui fait que le sommeil nous est plus cher que les plaisirs des sens eux-mêmes ? La paix, l'absence de sujet et d'objet, la béatitude de l'unité.

Si nous persistons dans nos efforts pour faire une *sadhana* (pratiques spirituelles) et si nous ne gaspillons pas notre énergie à jouir ou à penser à l'excès, alors le mental se calme peu à peu pour accéder à un état de méditation. Il demeure calme même quand nous ne méditons pas. Ce calme est le vrai début de la vie spirituelle. Tous les efforts que nous fournissons ont pour but de concentrer le mental agité. La paix est notre nature réelle, et non les différentes caractéristiques du mental, comme l'oubli, le désir, la haine, l'attraction et la répulsion. Même les pouvoirs spirituels, tels que la connaissance du passé et de l'avenir, ne sont pas notre vraie nature. Connaître sa vraie nature comme étant la paix parfaite et y demeurer établi, c'est la Libération. C'est la béatitude et la plénitude suprêmes.

Tant que nous n'avons pas atteint cette paix parfaite, Amma nous dit : « Affamez le mental. Cessez de le nourrir de pensées. Nous continuons à l'alimenter avec des désirs et des pensées. C'est devenu une habitude et le mental croit maintenant que c'est la meilleure nourriture possible. Il faut mettre fin à cette habitude. Le mental doit savoir que cette nourriture-là, tôt ou tard, nous donnera mal au ventre ; il doit apprendre que ces aliments, les pensées et les désirs, sont nocifs et qu'il en existe de beaucoup plus sains et plus exquis. Les différentes pratiques spirituelles constituent la nourriture la plus délicieuse et la plus saine. Une fois que vous en avez fait l'expérience, alimentez régulièrement le mental avec le nom divin, *japa* (la répétition d'un mantra), *dhyana* (la méditation) et autres pratiques spirituelles. Peu à peu, la faim de ces pratiques spirituelles grandira en nous, jusqu'à devenir une faim dévorante.

« Mes enfants, n'oubliez pas de chanter votre mantra. La période de sadhana est comparable à l'ascension d'une haute montagne. Elle exige beaucoup de force et d'énergie. Les alpinistes utilisent des cordes pour grimper ; pour vous, la seule corde est le japa. Par conséquent, mes enfants, efforcez-vous de répéter votre mantra constamment. Une fois que vous aurez atteint la cime de la réalisation de Dieu, vous pourrez vous détendre et vous reposer pour l'éternité. »

Les voies qui mènent à ce but sublime sont multiples. Amma nous dit :

« Chacun est constitué différemment. Chacun de nous est unique. Pour atteindre la paix intérieure, nous énumérons différents moyens comme le japa, la prière et la méditation, mais il en existe de nombreux autres. Pour certains, c'est l'art, la musique, la danse ou le théâtre. »

Le chant du Cœur, une offrande à Dieu

A Crémone, Italie, au milieu du dix-septième siècle, trois garçons du même quartier vivaient et jouaient ensemble. Salvador avait une belle voix de ténor et Julio jouait du violon pour l'accompagner pendant qu'ils déambulaient sur la place de la ville. Antonio aimait lui aussi la musique et il aurait adoré chanter avec eux, mais il avait une voix grinçante comme la charnière d'une porte mal huilée. Tous les enfants se moquaient de lui quand il essayait de chanter. Antonio n'était pourtant pas dénué de talent. Son bien le plus précieux était le couteau de poche que son grand-père lui avait donné et avec lequel il sculptait constamment sur des morceaux de bois. Et de fait, Antonio faisait de très jolies choses avec son couteau.

Le moment de la grande fête annuelle approchait et peu à peu, en l'honneur du printemps, les maisons et les rues furent parées de belles décorations. Vêtus de leurs plus beaux habits, les gens se promenaient dans les rues. Un jour, pendant la fête, Salvador et Julio décidèrent de se rendre à la cathédrale pour jouer et chanter sur la place pleine de monde.

« As-tu envie de venir avec nous ? » demandèrent-ils à Antonio, qui était assis sur le perron de sa maison, en train de tailler un morceau de bois. « Cela ne fait rien si tu ne peux pas chanter, on aimerait quand même que tu nous accompagnes. »

« Oui bien sûr, je viens avec vous, la fête est si amusante »,
dit Antonio.

Les trois garçons partirent pour la cathédrale. En marchant,
Antonio repensait à leur remarque, au fait qu'il ne pouvait pas
chanter. Son cœur pleurait car il aimait la musique autant qu'eux,
même si sa voix était un peu grinçante.

Sur la place, Julio joua du violon et Salvador chanta de sa
voix mélodieuse. Les gens s'arrêtaient pour écouter et la plupart
laissaient une pièce ou deux aux garçons, dont les vêtements tra-
hissaient la pauvreté. Un homme un peu âgé sortit de la foule, les
complimenta et plaça une pièce brillante dans la main de Salvador.
Puis il se perdit rapidement dans la foule qui grouillait. Salvador
regarda dans sa paume et en eut le souffle coupé. « Regardez ! C'est
une pièce d'or ! » Pour s'en assurer, il la serra entre ses dents. Les
trois garçons, tout excités, se passaient la pièce pour l'examiner.
Ils étaient tous d'accord : c'était bien une pièce d'or.

« Mais il peut bien se le permettre, dit Julio, vous savez, c'est
le grand Amati. »

Timidement, Antonio demanda : « Et qui est Amati ? Pourquoi est-il si grand ? »

Ses deux compagnons rirent et lui dirent : « Tu n'as jamais
entendu parler d'Amati ? »

« Mais bien sûr que non, dit Julio, il ne connaît pas ceux qui
font de la musique, il a la voix grinçante et tout ce qu'il sait faire,
c'est tailler des bouts de bois. » Julio reprit : « Pour ton informa-
tion Antonio, Amati est un grand luthier, il fabrique sans doute
les meilleurs violons de toute l'Italie ou même du monde, et il se
trouve qu'il habite dans notre ville. »

En rentrant chez lui ce soir-là, Antonio avait le cœur très
lourd. On s'était trop souvent moqué de lui, de sa voix grinçante

et de sa manie de sculpter. Alors, très tôt le lendemain matin, il partit de chez lui emportant son précieux couteau. Il fourra dans ses poches les objets qu'il avait sculptés, un bel oiseau, une flûte, plusieurs statues et un petit bateau. Il était déterminé à trouver la maison du grand Amati.

Antonio finit par découvrir la maison et frappa doucement à la porte. Quand un serviteur ouvrit, le grand maître entendit la voix rauque d'Antonio et vint voir ce qui l'amenait de si bon matin.

« J'ai apporté ces objets pour vous les montrer, monsieur », répondit Antonio, en vidant ses poches de tous les objets qu'il avait sculptés, « J'espère que vous voudrez bien les regarder et me dire si j'ai assez de talent pour pouvoir moi aussi fabriquer des violons. »

« Comment t'appelles-tu ? », demanda le maître.

« Antonio, monsieur », croassa-t-il.

« Et pourquoi veux-tu fabriquer des violons ? » s'enquit Amati, très sérieux.

« Parce que j'aime la musique, lâcha Antonio impulsivement, mais je ne peux pas chanter parce que ma voix sonne comme une porte grinçante. Vous avez entendu comme mes amis ont bien chanté hier devant la cathédrale. Moi aussi, je veux faire vivre la musique. »

Amati se pencha en avant et regarda Antonio dans les yeux en lui disant : « Ce qui importe le plus, c'est le chant du cœur. Il existe de nombreuses manières de faire de la musique – certains jouent du violon, d'autres chantent, d'autres encore peignent de merveilleux tableaux. Chacun ajoute ainsi à la splendeur du monde. Tu tailles le bois, mais ton chant sera aussi noble que n'importe quel autre. »

Ces paroles réjouirent Antonio, et il n'oublia jamais ce message d'espoir. Très vite, il devint l'élève du grand artiste. Très tôt le matin, il se rendait à l'atelier d'Amati, où il apprenait, écoutait et regardait son maître. Au bout de plusieurs années, il n'ignorait plus rien des secrets de fabrication d'un violon et des soixante-dix parties qui le composent. Quand il eut vingt-deux ans, son maître l'autorisa à signer un violon qu'il avait fabriqué.

Antonio Stradivari passa le reste de sa vie à fabriquer des violons. Il en fit plus de onze cents et s'efforça de rendre chacun meilleur et plus beau que le précédent. Aujourd'hui, celui qui possède un violon signé Stradivarius a un trésor, un chef d'œuvre qui vaut des milliers de dollars. Nous ne sommes peut-être pas de grands chercheurs spirituels ni de parfaits renonçants, mais si nous offrons à Dieu ce que nous pouvons, Il sera content.

Comme le dit le Seigneur Krishna dans la Bhagavad Gita :

« Si l'on M'offre avec dévotion et d'un cœur pur une feuille, une fleur, un fruit ou de l'eau, J'accepte cette offrande faite avec amour.
Quoi que tu fasses, quoi que tu manges, quoi que tu offres en sacrifice, quoi que tu donnes et quelle que soit l'ascèse que tu pratiques, Ô Arjuna, offre-Moi cela. »

Ch 9, v. 26-27

CHAPITRE HUIT

Le but unique de la vie humaine

Amma ne mâche pas ses mots quand il s'agit du sérieux de la vie et de l'importance de l'incarnation humaine. C'est seulement après de très nombreuses incarnations dans des formes de vie inférieures que l'âme prend un corps humain. Dans toutes ces vies, y compris la vie humaine, nous avons quatre préoccupations primordiales : la faim et la soif, le sexe, la peur et le sommeil. Qu'y a-t-il donc de si spécial chez les êtres humains ? Nous pouvons raisonner sur le long terme, prendre des décisions conformes à nos conclusions et agir en conséquence. Les animaux en sont incapables. Ils sont programmés par la Nature ou dressés par des humains, mais ils ne peuvent pas penser et raisonner. Les êtres humains sont dotés d'un intellect capable de discerner entre le bien et le mal et de comprendre beaucoup de choses.

Ce signe distinctif de l'humanité, nous devons l'utiliser au maximum avant de mourir. Ceci n'implique pas nécessairement d'acquérir des connaissances intellectuelles. Cela signifie connaître notre nature éternelle et en faire l'expérience, savoir que nous sommes l'âme, la conscience. La connaissance du Soi est la plus grande réussite, le plus grand bonheur que puisse atteindre un être humain. Seuls les humains ont la capacité, grâce aux pratiques spirituelles et à la maîtrise des instincts, de faire des efforts pour transcender la Nature.

Amma :

« Mes enfants, ces corps ne sont pas éternels. Ils peuvent périr à tout instant. Nous obtenons une naissance humaine après d'innombrables autres naissances. Si nous la gâchons en vivant comme des animaux, il nous faudra renaître sous une forme animale avant d'atteindre à nouveau une incarnation humaine. »

Certains prédicateurs spirituels contemporains affirment que l'enseignement des anciens sages (*rishis*), selon lequel un être humain peut renaître sous une forme de vie inférieure, ne peut pas être vrai. Cela semble trop désagréable ! Cependant, les rishis et les livres sacrés tels que la Bhagavad Gita nous ont dit qu'au cours du long voyage de l'âme (*jiva*) vers l'union mystique avec le Créateur, il lui arrive de faire de nombreux détours, ce qui la conduit à des naissances inférieures ou supérieures à l'incarnation humaine.

Si nous avons une notion claire du but de l'existence humaine et un plan d'action, un organigramme, notre vie peut prendre une direction bien définie et être fructueuse. Même si nous n'avons pas atteint le but avant de mourir, nous obtiendrons une naissance plus favorable dans la vie suivante. Ceci est clairement expliqué dans une discussion très instructive entre le Seigneur Krishna et Son dévot Arjuna dans la Bhagavad Gita, au chapitre 6, que nous devrions lire attentivement.

v. 33-34 Arjuna dit :

« Tu m'enseignes le yoga de l'équanimité, Ô Destructeur de Madhu, mais je ne vois pas comment il peut être maintenu, car le mental est par nature agité. Le mental est instable, turbulent, puissant et obstiné, Ô Krishna, je considère qu'il est aussi difficile à maîtriser que le vent. »

v. 35-36 Le Seigneur dit :

« Sans aucun doute, Ô Arjuna aux bras puissants, le mental est agité et difficile à contrôler ; mais, par la pratique et le détachement, il est possible de le dompter, Ô fils de Kunti. J'en conviens, le yoga est difficile pour celui dont le mental n'est pas maîtrisé. Mais grâce à des efforts adéquats, on peut dominer le mental et accéder au yoga. »

v. 37-38-39 Arjuna dit :

« Mais qu'advient-il de celui qui n'atteint pas la perfection dans le yoga, qui a la foi mais manque de persévérance, et dont l'esprit s'est éloigné du yoga ? Egaré sur le chemin de Brahman, Ô Krishna aux bras puissants, privé de soutien, ayant doublement échoué, ne périt-il pas comme un nuage qui crève ? Je T'en prie, dissipe totalement ce doute qui s'est emparé de moi, Ô Krishna, nul autre que Toi n'en a le pouvoir. »

40-45 Le Seigneur suprême dit : « Ô Partha, que ce soit en ce monde ou dans l'autre, il ne connaît pas la destruction. En vérité, celui qui fait le bien, Ô Mon fils, ne connaît jamais le malheur. Le yogi qui a échoué dans la voie du yoga séjourne pendant de longues années dans les mondes réservés aux êtres vertueux avant de renaître dans la demeure d'êtres purs et prospères. Ou bien encore il renaît dans une famille de yogis, de sages. En vérité, une telle naissance est très difficile à obtenir. Il retrouve alors la connaissance acquise dans sa vie précédente et intensifie ses efforts pour atteindre la perfection, Ô fils des Kurus (Arjuna). Cette pratique antérieure le pousse irrésistiblement. Celui qui aspire à l'état de yoga transcende déjà la récitation des Védas. Mais le yogi qui poursuit assidûment ses efforts, après s'être purifié et perfectionné au cours de nombreuses vies, atteint le But suprême. »

Ces versets nous apportent beaucoup d'espoir et de réconfort dans notre vie spirituelle. Quand nous, les dévots, examinons notre état actuel, il est naturel d'avoir le sentiment que nous n'atteindrons peut-être pas le but dans cette vie. Nous nous inquiétons alors de notre destin et nous demandons à quoi ressemblera notre prochaine vie. Nos efforts auront-ils été en pure perte ? Nous faudra-t-il repartir à zéro ? Sri Bhagavan nous dit de ne pas nous inquiéter. Rien n'est jamais perdu. Nos efforts équivalent à un placement dans une banque éternelle, qui survit à notre mort, et nous accompagne vie après vie. Nous serons heureux dans les autres mondes et nous renaîtrons dans des circonstances propices à notre évolution spirituelle.

Irrésistiblement, nous avancerons avec plus d'intensité vers le but. L'usage du mot « irrésistiblement » est très révélateur. Maya est comparable à la force de gravité. Elle nous tire toujours vers le bas, bien que nous n'en ayons pas conscience, excepté dans certaines circonstances. A cause de maya, la plupart des âmes en ce monde n'ont pas envie de faire des efforts spirituels sérieux. Presque tous les êtres cherchent à satisfaire leurs désirs latents pour les plaisirs et à éviter la souffrance. Mais en dépit de ces tendances matérialistes ceux qui, dans des vies antérieures, ont lutté sincèrement pour obtenir la Libération, sont poussés à faire des efforts plus intenses encore pour réaliser le Soi

Selon Amma, si quelqu'un progresse relativement rapidement sur la voie spirituelle, cela indique que la personne a fait une sadhana dans sa vie précédente. L'intensité de son aspiration le prouve. Même si nous n'avons pas une aspiration aussi forte à réaliser le Soi, faisons des efforts maintenant. Ainsi, même si nous n'atteignons pas l'état suprême dans cette vie, nous nous serons rapprochés d'autant dans la vie suivante. C'est un investissement avisé.

Outre ces paroles qui nous assurent que nos efforts ne sont pas vains, n'oublions pas que la grâce de notre guru est la force la plus puissante qui soit pour nous accorder la Libération. Une simple pensée d'Amma dirigée vers nous suffit à déchirer le voile ancien d'ignorance spirituelle ou *ajnana* qui voile notre vrai Soi. Bien sûr, il est nécessaire d'attirer sur soi cette grâce par des efforts intenses.

La marche à suivre pour les enfants

Quel est donc le plan d'action ? Quand nous sommes enfants, nous ne sommes que des animaux à deux pattes. Nous ne faisons rien de différent des animaux : manger, excréter, dormir, jouer, aimer, nous battre, etc. Mais au bout d'un moment, après l'âge de cinq ans, les parents devraient poser les fondations de notre « tour vers le ciel. » A ce stade, il faut nous procurer les provisions dont nous aurons besoin pour le long voyage de retour vers Dieu.

Amma : « Les parents devraient expliquer les notions de la spiritualité à leurs enfants quand ils sont encore très jeunes et leur dire qu'il existe une puissance nommée

Dieu qui contrôle tout. Si nous enseignons à un enfant à se souvenir du Divin dans toutes les circonstances de la vie, cet enfant sera capable de garder son équilibre intérieur en toute situation, qu'il rencontre la victoire ou la défaite. Même s'il prend de mauvaises habitudes en grandissant, les bonnes impressions latentes dans son subconscient finiront par le ramener sur le droit chemin. »

Outre les connaissances utiles dans le monde, les parents devraient enseigner à leurs enfants les sujets suivants, grâce à des exemples et à des histoires : le respect des anciens et de Dieu, la vénération, l'humilité, la simplicité, la maîtrise de soi, le détachement, le service, l'abnégation et une attitude remplie de sagesse.

Amma : « Les enfants devraient respecter les personnes plus âgées, leur répondre poliment, obéir à leurs instructions, s'abstenir de se moquer d'elles, de leur répondre rudement ou de les contredire. Ces vertus sont essentielles pour le bien-être de la famille. »

Pour cela, il faut enseigner aux enfants des postures de yoga (*asanas*), des versets en sanscrit (*slokas*) et des prières, des histoires pleines d'enseignements spirituels, tirées du Ramayana, du Srimad Bhagavata ou du Panchatantra, des bhajans, la méditation et le japa, et la participation au karma yoga (*seva*). Tout cela en plus de leurs études séculières. Ces pratiques formeront plus tard le fondement d'une vie spirituelle.

La vie conjugale

La plupart d'entre nous désirent se marier et avoir des enfants, jouir des plaisirs de la vie, être riche et célèbre. La vie matrimoniale permet de satisfaire tous ces désirs. Mais au cours de cette étape de la vie, continuons les pratiques spirituelles apprises dans l'enfance. Les passions telles que la colère, l'avidité, l'égoïsme la jalousie et le désir sexuel doivent être graduellement maîtrisées et réduites ; graduellement, certes, mais pas au point de ne rien faire pour les diminuer ! La vie matrimoniale est une étape qui offre de nombreuses chances de s'améliorer. Il est déplorable qu'en regardant autour de soi, on ne voie guère ces nobles qualités se manifester dans la vie de nos contemporains. C'est l'égoïsme qui semble régner en maître !

Dans la forêt

Si l'on a travaillé dur pour purifier le mental de toutes ses faiblesses et négativités, si l'on a fait ses pratiques régulièrement, alors la vraie dévotion et le détachement devraient se manifester en nous. On est prêt à vivre « dans la forêt ». C'est une étape où l'on mène une vie détachée des affaires du monde ; si cela est possible, on va résider dans un ashram sinon, on consacre au moins tout son temps à faire des pratiques spirituelles chez soi.

> Amma: « Une fois que les enfants sont adultes et capables de subvenir à leurs besoins, le mari et la femme devraient se rendre dans un ashram pour se consacrer à la spiritualité, travailler à leur progrès spirituel en méditant, en récitant leur mantra (*japa*) et en pratiquant le service désintéressé. Pour réussir cette transition, il est nécessaire de cultiver dès le début de sa vie spirituelle un attachement très fort pour le Seigneur car sans ce lien spirituel, le mental s'accrochera à ses liens, c'est-à-dire d'abord aux enfants, puis aux petits-enfants, etc. Cette sorte d'attachement n'est utile ni à nous ni à

68

nos enfants. Si nous le laissons persister, notre vie sera vaine ! Si en revanche nous passons notre vie à faire une sadhana, notre puissance spirituelle nous aidera et aidera le monde. Donc, cultivons l'habitude de retirer le mental des innombrables objets du monde pour le tourner entièrement vers Dieu. Si nous recueillons de l'eau dans une citerne, elle peut alimenter tous les robinets. Ainsi, si nous gardons notre esprit constamment centré sur Dieu, quel que soit le travail que nous faisons, cet effort sera bénéfique à toute la famille. Le but ultime de la vie ne devrait pas être d'amasser des richesses pour les enfants et les autres membres de la famille mais de nous concentrer sur notre propre développement spirituel. »

Le renoncement

Une fois que l'on est convaincu de la réalité de Dieu et de la nature illusoire du monde, quand la soif des plaisirs des sens est réduite au minimum vital et que l'on ressent le désir brûlant de réaliser Dieu, alors vient l'étape du renoncement complet, où l'on dépend entièrement de Dieu et se consacre totalement à la spiritualité. Cela peut être une attitude intérieure ou prendre la forme d'un renoncement extérieur. La pratique consiste à vivre dans l'*Atman*, dans l'âme. C'est là notre seul devoir réel. Ne croyons pas que seuls les renonçants peuvent recevoir la grâce de Dieu ou du guru. La grâce prend des formes différentes selon l'étape ou nous en sommes et selon notre pratique. Une personne mariée peut travailler à l'obtenir ; elle la recevra sous une forme différente par rapport au moine.

Les serviteurs cachés de Dieu

Une légende raconte l'histoire d'un ermite qui vécut jadis en haut d'une montagne dans une grotte minuscule. Il se nourrissait de racines et de glands, d'un peu de pain donné par un paysan ou de fromage apporté par une femme qui désirait ses prières. Son travail était de prier et de penser à Dieu. Pendant quarante ans il vécut ainsi, prêchant, priant, réconfortant les malheureux, et avant tout, adorant Dieu dans son cœur.

Il n'avait qu'un seul désir : rendre son âme si pure et si parfaite qu'elle puisse être une des pierres dans le grand Temple céleste de Dieu. Un jour, au bout de quarante ans, il eut le désir intense de savoir quels progrès il avait faits, et ce qu'en pensait Dieu. Il pria qu'on lui montre un homme

> « Dont l'âme ait atteint le même degré de perfection
> Que la sienne et dont le trésor, au Royaume céleste
> Soit équivalent au sien : ni plus grand ni plus modeste. »

Quand il releva la tête, après sa prière, un ange en robe blanche se tenait devant lui. Rempli de joie, l'ermite s'inclina devant le messager : il sut que son souhait avait été exaucé.

« Va à la ville la plus proche, dit l'ange, et là, sur la place publique, tu trouveras un clown qui gagne sa vie en faisant rire les gens. C'est l'homme que tu cherches, son âme a la même stature que la tienne, son trésor au Royaume des cieux est le même. »

Une fois que l'ange eut disparu, l'ermite inclina de nouveau la tête, mais cette fois rempli de chagrin et de peur. Ses quarante années de prières avaient-elles été une terrible erreur ? Son âme était-elle pareille à un clown qui se donne en spectacle sur la place du marché ? Il ne savait plus que penser. Il espérait presque ne pas trouver le clown et en conclure que la vision de l'ange n'avait été qu'un rêve. Mais quand il arriva sur la place du village, après une marche longue et épuisante, il y découvrit bien, hélas, le clown qui faisait le pitre pour amuser la foule.

L'ermite le regarda avec terreur et tristesse car il avait le sentiment de regarder sa propre âme. Ce visage, émacié et fatigué, lui parut très triste, malgré les sourires et les grimaces qu'il distribuait devant la foule,

L'homme sentit bientôt le regard de l'ermite ; il lui fut impossible de continuer ses bouffonneries. Il s'arrêta, la foule s'en alla et l'ermite emmena le clown dans un endroit retiré où ils pouvaient se reposer. Plus que tout au monde, il désirait savoir à quoi ressemblait l'âme de cet homme, puisque la sienne était identique. Au bout d'un moment, il demanda donc très doucement au clown quelle vie il menait, et comment il avait vécu. Et celui-ci répondit très tristement que sa vie était telle qu'elle paraissait : une vie de farces dérisoires, car c'était la seule manière qu'il connaissait de gagner son pain.

« Mais as-tu jamais fait autre chose ? » demanda l'ermite avec douleur.

Le clown plongea la tête entre ses mains. « Oui, saint Père, dit-il, j'ai fait autre chose. J'ai été un brigand ! J'ai appartenu à la pire bande de malfaiteurs qui ait jamais tourmenté ces pays montagneux. Et j'étais aussi terrible que le pire d'entre eux. »

Malheur ! L'ermite eut le sentiment que son cœur se brisait. Etait-ce ainsi que le Seigneur le voyait ? Comme un voleur, comme un brigand cruel se cachant dans les montagnes ? Il pouvait à peine parler, les larmes roulaient sur ses vieilles joues mais il rassembla ses forces pour poser une dernière question :

« Je t'en supplie, dit-il, si tu as fait la moindre bonne action dans ta vie, souviens-t-en maintenant et raconte-la moi ». Il se disait qu'une seule bonne action le sauverait du désespoir complet.

« Oui, une, dit le clown, mais elle est insignifiante et ne mérite pas d'être racontée ; ma vie a été inutile ».

« Raconte-moi, » supplia l'ermite.

« Notre bande s'introduisit un jour dans le jardin d'un couvent et captura une nonne pour la vendre comme esclave ou l'échanger contre une rançon. Nous l'avons traînée avec nous tout le long du chemin difficile jusqu'à notre camp, dans les montagnes, et avons préposé un garde pour la nuit. La pauvre fille nous suppliait de la libérer, c'était pitoyable ! Et avec des yeux pleins de confiance, implorants, elle regardait chacun de ces visages endurcis, comme si elle ne pouvait pas croire que les hommes fussent si mauvais. Père, quand son regard rencontra le mien, quelque chose me perça le cœur ! Pour la première fois, la pitié et la honte s'éveillèrent en moi. Mais je pris un air aussi dur et cruel que les autres et elle se détourna, sans espoir.

Dans le calme et l'obscurité de la nuit, je me glissai tel un chat là où elle était attachée. Je mis la main sur son poignet et chuchotai : « Aie confiance en moi et je te ramènerai chez toi, en sécurité. » Je coupai ses liens avec mon couteau et elle me regarda pour signifier qu'elle me faisait confiance.

Père, par des chemins terribles que je connaissais, en cachette des autres, je la ramenai saine et sauve à la porte du couvent. Elle frappa, on lui ouvrit et elle se glissa dans l'enceinte. En me quittant, elle se retourna pour dire : « Dieu s'en souviendra ».

Ce fut tout. Il me fut impossible de reprendre mon ancienne vie de criminel et je n'avais jamais appris de moyen honnête pour gagner ma vie. Je suis donc devenu clown et je dois le rester jusqu'à ma mort. »

« Non, non mon fils », dit l'ermite en pleurant et ses larmes étaient maintenant des larmes de joie. « Dieu s'est souvenu ; ton âme, à ses yeux, est l'égale de la mienne, moi qui ait prié et prêché pendant quarante ans. Ton trésor t'attend au ciel, comme le mien. »

« Comme le vôtre ? Père, vous vous moquez de moi ! » dit le clown.

Mais quand l'ermite lui raconta sa prière et la réponse de l'ange, le pauvre clown en fut transfiguré de joie, car il sut alors que ses péchés lui étaient pardonnés. Et quand l'ermite retourna dans sa montagne, le clown l'accompagna. Il devint lui aussi ermite et consacra son temps à la louange et à la prière.

Ensemble, ils travaillèrent et aidèrent les pauvres. Et quand, deux années plus tard, l'ancien clown mourut, l'ermite eut le sentiment d'avoir perdu un frère plus saint que lui-même. Pendant dix ans, encore, il vécut dans sa montagne, pensant constamment à Dieu, jeûnant et priant, sans rien faire de mal. Puis un jour, le désir de savoir comment son âme avait progressé revint et il pria de voir un être semblable à lui-même.

Une fois encore, sa prière fut exaucée. L'ange vint et lui dit de se rendre dans un village, de l'autre côté de la montagne, où deux femmes vivaient dans une petite ferme. Il verrait en elles deux âmes semblables à la sienne, aux yeux de Dieu. Quand l'ermite arriva à la porte de la ferme, les deux femmes se réjouirent énormément car tout le monde honorait et chérissait son nom. Elles lui installèrent une chaise à un endroit frais, sous le porche, et lui offrirent à boire et à manger. Mais l'ermite se languissait de savoir à quoi ressemblait l'âme de ces femmes, et il ne pouvait pas retarder ce moment. Leur apparence indiquait qu'elles étaient douces et honnêtes. L'une était âgée, l'autre d'âge moyen.

Il les interrogea donc sur leur vie. Elles lui dirent le peu qu'il y avait à raconter : elles avaient toujours travaillé dur dans les champs avec leur mari ou à la maison ; elles avaient eu beaucoup d'enfants et avaient traversé des périodes difficiles, les maladies, le chagrin, mais elles n'avaient jamais désespéré. « Et vos bonnes actions, demanda l'ermite, qu'avez-vous fait pour Dieu ? »

« Très peu, » dirent-elles tristement, car elles étaient trop pauvres pour donner beaucoup. Certes, deux fois par an, quand elles tuaient un mouton, elles en donnaient la moitié à des voisins plus pauvres.

« Cela est très bien, très sincère, dit l'ermite, et avez-vous fait d'autres bonnes actions ? »

« Rien, dit la plus âgée, à moins, à moins que … l'on puisse appeler cela une bonne action… », et elle regarda la plus jeune qui lui rendit son sourire.

Malgré tout, la femme hésitait encore mais elle finit par dire timidement : « Ce n'est pas grand chose, Père ; il y a vingt ans que ma belle-sœur et moi-même sommes venues vivre dans cette maison ; nous avons élevé nos familles ici et au cours de ces vingt années, il n'y a jamais eu entre nous la moindre parole de colère ni un regard qui ne soit pas gentil. »

L'ermite inclina la tête devant ces deux femmes, et remercia Dieu en son cœur. « Si mon âme ressemble à ces deux-là, se dit-il, en vérité, je suis béni ».

Et soudain, il eut une grande révélation et il vit que les façons de servir Dieu sont infinies. Certains servent dans des ashrams, des temples ou des cellules d'ermite en louant Dieu et en priant ; d'autres pauvres âmes, qui ont fait beaucoup de mal, se détournent avec douleur de leur vie criminelle et servent par le repentir ; d'autres vivent avec foi et bonté dans d'humbles foyers, en travaillant et en élevant leurs enfants, gardant le cœur bon et joyeux ; certains supportent la douleur avec patience, par amour pour Dieu. Il existe une infinité de voies, que seul l'Être suprême perçoit.

Et l'ermite, en remontant dans sa grotte, regarda la petite lumière aux fenêtres de la ferme, qui brillait comme une étoile et il songea : « Comme ils sont nombreux, les serviteurs cachés du Seigneur » !

CHAPITRE NEUF

La nécessité du renoncement

Na karmana na prajaya dhanena
tyagenaike amrita tvamanasuh
parena nakam nihitam guhayam
vibhrajate yadyatayo visanti

Les actions, la progéniture et la richesse, rien de tout
cela ne permet d'atteindre l'immortalité. Seul le renoncement peut nous y faire accéder. Cet état suprême est
bien au-delà du monde céleste le plus élevé ; les sages
le perçoivent, caché dans la grotte du cœur, où il brille
avec éclat.

—Mahanarayanopanisad 4.12

Amma parle souvent de la valeur et de la nécessité du
renoncement. Nous ne concevons généralement pas le renoncement comme un moyen d'être heureux. A nos yeux,
c'est plutôt une sorte de torture, de punition ou de souffrance,
une chose tout à fait déprimante. Mais selon Amma, sa valeur
réside dans le bonheur durable qu'elle nous procure. Nous avons
pour la plupart le sentiment que le bonheur réside en tout ce qui
procure au mental et aux sens une sensation de plaisir. Ce n'est
pas entièrement faux. Mais selon Amma, il n'est pas nécessaire
de se contenter d'un bonheur aussi limité et fluctuant. Pourquoi
ne pas rechercher un plaisir qui nous amènera une satisfaction

permanente ? Pourquoi courir après quelques gouttes de miel quand nous en avons un océan à notre disposition ?

Voilà ce que nous disent tous les sages des anciennes traditions, eux qui ont fait l'expérience de l'union avec Dieu : il existe à l'intérieur de vous un océan de béatitude. Vous n'en avez pas conscience maintenant. Grâce aux pratiques spirituelles, efforcez-vous d'en faire l'expérience et vous obtiendrez un bonheur et une paix qu'aucune situation ne pourra vous ôter.

Il existe différent degrés d'*ananda*, de bonheur. Il y a les plaisirs humains, les plaisirs supérieurs des mondes célestes, subtils, et enfin la béatitude divine ou Brahmananda. Seule Brahmananda dure éternellement, elle est suprême à tout point de vue. Une fois que l'on a atteint cela, on connaît le repos, le contentement. Un oiseau peut voler longtemps, certains peuvent voler des milliers de kilomètres sans se reposer, mais ils sont bien obligés de revenir se poser sur terre. De même, nous errons dans la création au cours de nombreuses naissances, en quête de la béatitude, mais finalement, il faut rentrer à la maison, atterrir sur la terre ferme de notre propre source, l'atman, Dieu.

Ce qu'Amma entend par renoncement, c'est retirer peu à peu le mental et les sens des objets du monde pour fixer son attention sur Dieu, la Réalité immuable de ce monde de l'impermanence, la Béatitude divine, la Source de notre mental. Dieu n'est pas un vieillard grincheux à la barbe blanche qui demeurerait là-haut, dans le Ciel, toujours prêt à nous punir, à nous foudroyer. Dieu est l'essence de la Béatitude, un océan infini de Conscience qui est le substrat du mental.

Le renoncement, c'est aussi abandonner ce qui est néfaste pour notre évolution spirituelle. Lorsque nous nous y efforçons, nous nous rendons compte que toute notre vie, notre éducation et notre existence quotidienne, nous ont enseigné exactement le contraire. En recherchant les plaisirs de ce monde, nous développons beaucoup de tendances négatives comme l'orgueil, l'égoïsme, la colère, l'impatience et l'avidité. Nous les utilisons dans le but d'être heureux, mais le résultat, c'est qu'elles finissent toujours par nous rendre malheureux et les autres avec. Tel est le fonctionnement étrange de *maya*, la puissance universelle d'illusion. La plupart des gens ne peuvent pas soudainement renoncer de tout leur cœur. Il s'agit de développer peu à peu cette attitude. Certains dévots mariés se sentent coupables de poursuivre des buts matériels et de savourer les plaisirs de la vie alors qu'Amma insiste sur le renoncement.

Mais selon Amma, pendant l'étape de la vie de famille, le *grihastashrami* devrait profiter de ce que le monde lui offre. Au départ, essayez d'être aussi satisfait que possible grâce à la vie dans le monde. Puis, au bout de quelque temps, adoptez peu à peu le renoncement. Efforcez-vous de voir et de comprendre le côté négatif du plaisir tout en développant de la dévotion. C'est possible en recherchant la compagnie des *mahatmas* (grandes âmes), en lisant des livres de la tradition tels que la Bhagavad Gita et le Srimad Bhagavatam. Pensez au véritable but de la vie humaine. Le vrai renoncement, on ne l'atteint que quand le mental vit dans la conscience de Dieu.

Le renoncement physique n'est pas pour tous. Certains y parviennent avec le temps. Peut-on se forcer à renoncer ? Il faut d'abord que s'éveille chez le dévot un fort sentiment de détachement envers tout et tous. Les plaisirs et les fréquentations du monde paraissent vides et dénués de sens, une distraction, une perte d'un temps précieux, celui de la vie. La compréhension de la superficialité et de l'égoïsme qui règnent dans la vie du monde doit s'éveiller en nous. Le « siècle » nous semble alors insupportable, vide, comme un abîme profond. Nous éprouvons alors le sentiment qu'il est urgent d'atteindre la Béatitude divine et d'échapper au cycle de la mort et de la renaissance ; cela devient le but primordial de notre vie.

Certains choisissent de renoncer dans une crise de dégoût pour les souffrances, les déceptions et les ennuis de la vie du monde. Ils quittent leur famille, leur travail et vont vivre dans un lieu sacré ou un endroit d'une grande beauté naturelle ou bien encore ils partent en pèlerinage ; mais tôt ou tard, ils regrettent leur ancienne vie et rentrent chez eux. Ou alors ils recommencent une autre vie dans le monde, dans un cadre nouveau.

Il existe une autre forme de renoncement, que l'on appelle *smasana vairagya* (le détachement du cimetière). Il survient quand on assiste à des funérailles ou à une crémation, quand on voit un corps, qu'on est témoin d'un terrible accident ou que l'on frôle la mort. On se prend à penser que notre propre corps subira le même destin. On philosophe au sujet de la vie et on éprouve un certain détachement envers les affaires quotidiennes. On envisage alors sérieusement de se tourner vers la spiritualité. Mais une fois rentré chez soi, quand on retrouve son train-train quotidien, on oublie tout cela.

Dans le cas des dévots d'Amma, elle est là pour nous dire si nous sommes prêts ou non à mener une vie de renoncement. Sa vision va bien au-delà de la nôtre. Sur de tels sujets, la meilleure chose à faire est de la consulter. Il nous est très difficile de savoir si notre degré de détachement est suffisant pour nous permettre de choisir ce mode de vie. Amma nous montrera le chemin et nous indiquera éventuellement les changements nécessaires.

Un swami qui aimait le pudding

C'est l'histoire d'un swami qui avait opté pour une vie de renoncement, sans avoir toutefois demandé la bénédiction d'un guru. Il vivait de fruits et de racines, dans une hutte, au milieu de la forêt. Son ashram était situé non loin d'un village et les enfants venaient souvent jouer là. Il entendit un jour les enfants crier et se disputer ; il sortit de sa hutte pour voir ce qui se passait. Deux frères se chamaillaient : la veille, l'aîné n'avait pas partagé son pudding sucré (*payasam*) avec le cadet.

Quand il entendit le mot payasam, le désir d'en manger s'éveilla dans le mental du sadhu. Son esprit revint trente ans en arrière, quand il vivait encore avec sa famille et mangeait régulièrement du payasam et tout ce qu'il désirait. « Comment obtenir du payasam, maintenant ? Il ne serait pas correct de retourner chez moi après tant d'années. Je risque d'être piégé dans la vie familiale et il en résulterait de nombreuses complications. Voyons, il n'y a pas de mal à aller au village et à mendier dans quelques maisons. Peut-être qu'il y aura du payasam dans l'une d'elles et que l'on m'en donnera ».

Pendant toutes ces années, le sadhu avait vécu des produits de la forêt pour éviter les villageois. Ce jour-là, il décida de se rendre au village. Il partit le soir mais il se perdit en route. Il erra dans la forêt jusqu'au lendemain matin. Il entendit finalement des voix et alla dans leur direction. Il demanda le chemin du village mais fut surpris de la réaction des gens : « Voilà le voleur que nous cherchons ! Il s'est déguisé en sadhu. Attrapez-le ! »

Ils s'emparèrent de lui, le battirent et l'emmenèrent à la police. Les policiers menacèrent de le torturer s'il ne révélait pas où il avait caché son butin. Tout le village vint voir le voleur déguisé en sadhu.

Le sadhu tremblait de peur et priait Dieu de le sauver. Il ne comprenait rien à ce qui se passait. C'est alors qu'un mahatma vint à passer ; il revenait de la rivière après avoir fait ses ablutions. Il comprit aussitôt la situation et dit aux policiers : « Vous faites erreur. Cet homme est un sadhu innocent qui vit dans la forêt à environ dix kilomètres d'ici. Le vrai voleur a été capturé ailleurs et il est en détention. Relâchez donc cet homme, s'il vous plaît, donnez-lui un peu de payasam et renvoyez-le dans son ashram ».

Les gens du village connaissaient bien le mahatma et libérèrent donc le sadhu. Celui-ci se prosterna aux pieds du mahatma et fondit en larmes. Il se repentit de son manque de maîtrise de soi et retourna dans sa hutte forestière. Les désirs créent toujours des ennuis, surtout dans le cas d'un *sadhu* (renonçant) qui n'a pas de guru !

La vie en ce monde, c'est une école. Nous allons de classe en classe et apprenons différentes leçons. Mais ce n'est qu'une école et il ne s'agit pas d'y rester éternellement ; essayons de décrocher le diplôme final et d'accéder au monde réel. Le monde réel est le monde de la béatitude divine, le monde de Dieu. Dans la mesure de notre possible, pratiquons donc le renoncement dans notre vie quotidienne en suivant les conseils d'Amma. Nous aurons beau quitter notre foyer, le même mental viendra avec nous ; il est impossible d'y échapper, sinon en renonçant aux pensées.

CHAPITRE DIX

Les vasanas

Amma explique que le but réel de la vie humaine est de faire l'expérience de l'union avec notre créateur, dans un esprit purifié par la discipline spirituelle. Pour accéder à cette expérience intérieure, il s'agit de purifier notre mental actuel, si agité, d'en effacer pensées et émotions pour qu'il devienne aussi tranquille qu'un océan dépourvu de vagues. Au cours de ce processus de purification, le *sadhak* (chercheur spirituel) s'efforce de réduire le nombre des pensées pour que se révèle la Vérité jusqu'alors cachée. Un étang est parfois recouvert d'une couche d'algues, mais si on écarte les algues, on voit l'eau. Ainsi, l'atma est actuellement recouvert de pensées, fortes ou faibles. La vision ou l'expérience du Soi émerge quand on en réduit le nombre.

Amma affirme :

> « Quand on chante des mantras avec sincérité et dévotion, on acquiert la paix intérieure et la tranquillité. Les pensées diminuent. Moins de pensées, implique plus de paix intérieure. La tension et l'agitation mentale sont engendrées par les nombreuses vagues de pensée qui, à leur tour, génèrent toutes sortes de tendances négatives telles que la concupiscence, la colère, la jalousie, l'avidité, etc. Les mantras, si nous les récitons avec concentration, nous donnent la force d'accepter les expériences agréables ou douloureuses de la vie comme la Volonté de Dieu et comme Sa bénédiction. C'est impossible si

nous ne prions que pour obtenir la satisfaction de nos désirs. Nous ne ferons ainsi qu'augmenter nos tourments et nos déceptions. La paix intérieure est ce qu'il y a de plus important. »

Afin de réussir à diminuer le nombre des pensées, il s'agit d'être intensément conscient de l'activité du mental, grâce à la méditation. Cela concentre notre attention sur le mental au lieu de le laisser partir vers l'extérieur. Le mental est constitué du bruit de fond, du bavardage habituel, ainsi que de sentiments et de pensées très puissants, qui nous poussent à agir et créent notre bonheur ou notre malheur. Ce sont les fils qui tissent le tissu du mental. Voilà ce que sont les *vasanas* ou pensées habituelles. Ce sont elles qui nous font parler et agir, si bien que nous plongeons dans l'océan du karma, agréable ou bien douloureux.

Les trois gunas

Certaines pensées, certains sentiments contribuent à apaiser le mental tandis que d'autres l'agitent. Ce qui calme le mental est sattvique, ce qui le distrait et engendre la souffrance est rajasique ou tamasique. L'univers est constitué de ces trois *gunas* (qualités).

Le Seigneur Krishna dit :

> 11 Quand la lumière de l'intelligence et du discernement se lève dans le corps, les sens et le mental, c'est que sattva prédomine.
> 12 L'avidité, l'activité, les actions motivées par l'égoïsme, l'agitation et la soif des plaisirs, tout cela apparaît lorsque rajas prédomine.

13 Et lorsque tamas prédomine, l'inertie, la négligence dans l'accomplissement de ses devoirs, la frivolité et l'égarement apparaissent, Ô descendant des Kurus !

14 Celui qui meurt lorsque sattva prédomine atteint les mondes célestes où demeurent les êtres qui ont acquis la connaissance ultime.

15 Celui qui meurt quand rajas domine renaît attaché à l'action ; si c'est tamas qui prévaut au moment de la mort, il renaît parmi les créatures stupides.

16 Le fruit de l'action juste, dit-on, est sattvique et pur (joie, sagesse et détachement) ; le fruit de rajas est la souffrance et celui de tamas, l'ignorance.

17 Sattva engendre la sagesse, rajas l'avidité et tamas l'erreur, l'illusion et l'ignorance.

18 Ceux qui sont établis dans la qualité de sattva s'élèvent, les êtres rajasiques se maintiennent au milieu et les tamasiques, qui sont dans la guna inférieure, chutent.

20 L'âme qui a transcendé les trois gunas à partir desquelles le corps se manifeste, est libérée de la naissance, de la mort, de la vieillesse et de la souffrance ; elle atteint l'immortalité. »

—Bhagavad Gita, Ch.14, v.11-18, 20

Voici ci-dessous une liste exhaustive de qualités qui émanent des trois gunas. En nous familiarisant avec elle, nous pourrons voir où nous en sommes au niveau des gunas et vers quoi nous devons tendre.

Sattva : la patience, la joie, la satisfaction, la pureté, le contentement, la foi, la générosité, le pardon, la fermeté, la bonté, l'équanimité, la vérité, la douceur, l'humilité, le calme, la simplicité, le détachement, l'intrépidité, la prise en compte des intérêts d'autrui et la compassion pour toutes les créatures.

Rajas : tirer vanité de sa propre beauté, affirmer son pouvoir ; l'amour de la guerre, l'avarice, le manque de compassion ; être balloté par la joie et la tristesse, prendre plaisir à dire du mal d'autrui, rechercher les querelles et les disputes ; l'arrogance, la grossièreté, l'anxiété ; aimer les hostilités, s'accrocher au chagrin, s'approprier ce qui appartient à autrui, être éhonté, malhonnête, malpoli, consumé de désir sexuel, de colère et d'orgueil, affirmer sa propre supériorité, être méchant et calomnier autrui.

Tamas : l'aveuglement, l'indolence et la paresse, l'inertie et l'erreur, l'indétermination, la vulgarité, l'obstination, la malhonnêteté, la méchanceté, l'indolence et la procrastination.

Il est possible de surmonter tamas grâce à rajas, qui à son tour peut être sublimé grâce à sattva. Il faut apaiser le mental au point qu'il n'y ait plus en lui aucune qualité, qu'il ne reste plus que la vigilance, la conscience et la béatitude.

Mais comme le dit le Seigneur :

« Il est difficile en vérité de percer le voile de cette illusion divine (Ma maya) ; ceux qui ne prennent refuge qu'en Moi réussissent à vaincre maya ».
—Bhagavad Gita, Ch. 7, v. 14.

Il s'agit-là d'un travail très difficile. Cette lutte pour parvenir à la pureté du mental, c'est ce que l'on appelle *tapas*, les austérités. Il n'existe pas d'autre voie. Tout être vivant doit tôt ou tard traverser cette lutte et acquérir la force de maîtriser ainsi parfaitement le mental. Si nous ne luttons pas pour nous élever, nos tendances (*vasanas*) négatives nous dévorent et nous causent de grandes souffrances, vie après vie.

> « C'est à chacun d'élever son moi vers le Soi et d'éviter de l'abaisser (vers les objets des sens). Nous n'avons pas d'autre ami ou ennemi que nous-mêmes.
> Le mental est l'ami de celui qui le contrôle ; mais il agit comme l'ennemi de celui qui ne le maîtrise pas. »
> —Bhagavad Gita, Ch.6, v. 5-6

La vie d'un papillon

Un écolier trouva un jour un cocon et l'apporta en classe, au laboratoire de biologie. Le maître mit le cocon dans un aquarium vide, avec une lampe pour le garder au chaud. Une semaine s'écoula, et une petite ouverture apparut au bas du cocon. Les élèves observèrent que le cocon tremblait. Puis de minuscules antennes émergèrent, suivies d'une tête et de petites pattes. Les élèves couraient au laboratoire entre les cours pour voir où en était le cocon. Au déjeuner, il avait réussi à libérer ses ailes inertes, dont les couleurs révélaient un papillon monarque. Il gigotait, se secouait et luttait, mais il paraissait bloqué. Il avait beau essayer, il semblait qu'il ne réussirait jamais à faire passer le reste de son corps par la petite ouverture.

Finalement, un des élèves décida d'aider le papillon à sortir de cette situation difficile. Il prit des ciseaux et découpa le cocon ; il en sortit quelque chose qui ressemblait à un insecte. Le haut avait l'apparence d'un papillon, les ailes tombantes, et le bas du corps, qui venait juste de sortir du cocon, était gros et enflé. Mais avec ses ailes mutilées, jamais il ne réussit à voler. Il rampait au fond de l'aquarium en traînant ses ailes et son corps enflé. Il mourut très vite.

Le lendemain, le professeur de biologie expliqua que la lutte du papillon pour sortir par cette minuscule ouverture était nécessaire ; elle force les fluides du corps enflé à aller dans les ailes pour leur donner la force de voler. Sans cette lutte, les ailes ne se développent pas et le papillon ne parvient jamais à voler. Comme le papillon, sans difficultés, nous ne pouvons pas nous développer spirituellement.

Une vie consacrée à la spiritualité est parfois décourageante. Amma nous dit qu'il ne faut pas rester à terre après une chute. Levons-nous et allons de l'avant. La chute n'est pas si importante ; ce qui l'est, c'est la persévérance dans nos efforts pour réussir.

L'expérience de Thomas Edison

Nous avons tous entendu parler de l'expérience de Thomas Edison. Il essaya deux mille matériaux afin de trouver comment fabriquer un filament pour l'ampoule électrique. Rien ne fonctionna de manière satisfaisante et son assistant se plaignit : « Tout notre travail est inutile. Nous n'avons rien appris. » Edison répondit avec confiance : « Mais si, nous avons fait beaucoup de chemin et nous avons beaucoup appris. Nous savons maintenant que deux mille matériaux ne conviennent pas pour faire une bonne ampoule électrique ».

Selon Amma, seul un guru peut nous délivrer totalement de nos vasanas. Cela signifie peut-être que nos efforts ont leur limite, et qu'ensuite le guru doit, par sa grâce, nous révéler la vérité transcendantale, ou bien alors que le guru fait tout sortir des profondeurs de notre mental, pour que nous puissions le voir et nous en occuper. Pour nettoyer notre maison, il faut avoir conscience de tout ce qu'elle contient. Nous devons entreprendre un nettoyage en profondeur de notre mental. La plupart d'entre nous ne voient pas ce qu'il contient. Nous voyons fort bien les défauts des autres, mais sommes dans une inconscience béate quand il s'agit des nôtres.

Le Christ a dit : « Et pourquoi regardes-tu la paille dans l'œil de ton frère sans voir la poutre qui est dans le tien ? »

Comment le guru s'y prend-il ? Amma dit :

> « Le guru crée des obstacles et des souffrances dans la vie du disciple ; celui-ci doit les surmonter par une sadhana intense. La spiritualité n'est pas pour les paresseux. Les difficultés au niveau subtil sont plus difficiles à vaincre que celles du monde extérieur. Mais celui qui consacre sa vie à un satguru n'a rien à craindre.
>
> Le guru teste le disciple de différentes manières. Seul celui qui possède une forte détermination peut résister et continuer sur la voie spirituelle. Mais une fois que l'on a réussi, la grâce infinie du guru coule sans obstacle vers le disciple. Tout ce que fait le guru, c'est uniquement pour le progrès spirituel du disciple. Il lui est absolument impossible d'agir autrement. »

Amma parle d'un satguru, non de toute personne qui déclare être un guru. Il arrive parfois qu'un maître spirituel se comporte de façon étrange, qu'il se mette en colère contre le disciple sans raison particulière, qu'il le réprimande et le blâme pour des erreurs qu'il n'a pas commises. Mais s'il adopte cette conduite étrange en apparence, ce n'est pas parce qu'il est en colère contre son élève. C'est la méthode qu'il utilise pour lui enseigner l'abandon de soi, la patience et l'acceptation. »

Les vagues de vasanas qui se lèvent dans le mental paraissent sans fin. Il est impossible de les contenter en leur cédant. Les actions répétées ne font que les ancrer plus profondément. Si on trace une ligne au crayon sur le papier, il est facile de la gommer, mais si on la trace de nombreuses fois au même endroit, cela devient plus difficile.

Certains plaisirs du monde, certaines expériences nous aident à satisfaire nos appétits intenses et nos habitudes, mais rappelons-nous que seuls la maîtrise de soi et le discernement entre ce qui est réel et ce qui semble réel, (mais n'est en vérité qu'imagination) nous permettra de les déraciner complètement. Le guru donnera peut-être au disciple sincère un peu de marge pour réduire ses vasanas, mais elle sait quand y mettre fin pour faire évoluer le disciple. Maya fait en sorte qu'il nous est impossible de comprendre réellement la difficulté de notre situation.

L'amour du guru

« Maître, j'ai beau tenter de maîtriser mon mental, il vagabonde vers les plaisirs de ce monde. Je pense souvent à vous quitter sans vous en informer. Mais mon amour pour vous m'empêche d'agir avec autant d'ingratitude. Seigneur, que dois-je faire ? Je vous en prie, guidez-moi, » implora un dévot. Il ne vivait dans l'ashram du guru que depuis un mois.

« Mon enfant, j'ai observé moi aussi ton intense lutte intérieure. Il est difficile de surmonter des désirs profondément enracinés. Ne crains rien. Va dans le monde, mène la vie d'un père de famille pendant quelque temps et satisfais les désirs intenses de ton mental. Mais garde toujours ton esprit fixé sur les pieds de lotus du Seigneur. Ne perds jamais de vue ton but. Reviens au bout de dix ans. Ne reste pas plus longtemps ».

Le dévot prit congé de son guru. Il alla dans sa ville natale, se maria et s'installa pour mener une vie de famille. Il avait servi son guru de tout son cœur et avait obtenu sa grâce. Il réussit donc et devint bientôt un des hommes les plus prospères de la ville, avec une femme aimante et de beaux enfants. Dix années passèrent.

Un mendiant arriva sur le seuil de la villa du dévot. Devant son apparence peu soignée, les enfants effrayés courent se réfugier dans la maison. Sa femme abreuvait d'insultes ce sadhu qui, loin de s'en émouvoir, réclamait le maître de maison. Celui-ci reconnut son guru. Il accueillit son vieux Maître avec grand respect et le fit asseoir.

« Eh bien, dix ans ont passé. As-tu réussi à satisfaire tes désirs ? »

« J'ai profité de tout ce que le monde peut offrir. Gurudev, j'aurais pu rentrer à l'ashram mais comment puis-je laisser ces petits enfants ? Je vous en prie, autorisez-moi à rester encore quelques années, à pourvoir à leur éducation et à les installer dans la vie. Alors je vous rejoindrai sûrement ».

Dix autres années passèrent. Cette fois, c'est un homme âgé qui accueillit le guru. Sa femme avait quitté ce monde. Ses fils étaient de jeunes hommes qui avaient maintenant leur propre famille.

« Mon guru bien-aimé, dit-il, il est vrai que j'ai rempli mes devoirs de chef de famille. Tous mes enfants sont maintenant adultes et prospères. Mais ils sont encore jeunes, plongés dans les plaisirs du monde. Ils n'ont pas le sens des responsabilités. S'ils sont livrés à eux-mêmes, ils risquent de gaspiller la richesse durement acquise par leur père et d'être ensuite dans le besoin. Je dois planifier leur budget et guider leurs actions. S'il vous plaît, permettez-moi de rester encore quelques années. Quand ils auront acquis de la maturité et pourront assumer leurs responsabilités, je viendrai certainement vivre à l'ashram ».

Sept années s'écoulèrent ensuite. Le guru retourna voir son disciple. Un gros chien gardait l'entrée. Il le reconnut : c'était le dévot. Il entra et apprit qu'il était mort quelques années plus tôt. Mais son attachement à cette famille était tel qu'il naquit sous la forme d'un chien et garda la maison et ses enfants. Le guru entra dans l'âme du chien.

« Eh bien maintenant, mon enfant, es-tu prêt à me suivre ? »

« Sûrement dans quelques années, maître, répondit le chien, mes enfants sont maintenant au sommet de leur bonne fortune et de leur prospérité mais ils ont plusieurs ennemis qui les jalousent. Dans quelques années, ils seront libérés de la peur et de l'inquiétude. Alors je courrai dans ton ashram ».

Dix années s'écoulèrent encore. Le sadhu retourna à cette maison. Le chien était mort, lui aussi. Il vit grâce à son œil intérieur que le disciple s'était réincarné sous la forme d'un cobra venimeux qui vivait sous la maison. Il décida qu'il était temps de le délivrer de l'illusion.

« Frère, dit-il au petit-fils, un cobra venimeux habite sous votre maison. C'est un animal dangereux. Je vous en prie, délogez-le, mais ne le tuez pas. Frappez-le et cassez-lui le dos ; ensuite, apportez-le moi ».

En regardant sous la maison, le jeune homme fut étonné de découvrir que les paroles du sadhu étaient vraies. Il rassembla les autres jeunes de la maisonnée et frappa le cobra. Comme le sadhu le leur avait demandé, ils ne le tuèrent pas, mais ils le blessèrent suffisamment pour qu'il ne puisse plus bouger. Le sadhu lui caressa la tête avec affection, puis le jeta sur ses épaules et quitta tranquillement les petits-enfants, très heureux d'avoir été miraculeusement sauvés de cette créature venimeuse.

En rentrant à l'ashram, le guru parla au cobra : « Mon enfant bien-aimé ! Personne n'a jamais réussi à satisfaire les sens et le mental. Les désirs et les appétits sont insatiables. Avant que l'un disparaisse, une douzaine d'autres surgissent. Le discernement est notre seul refuge. Réveille-toi ! Au moins dans ta prochaine vie, tu devrais atteindre la Réalité suprême ».

« Gurudev, pleura amèrement le disciple, comme vous êtes bon ! Je me suis montré ingrat envers vous et malgré tout, vous m'avez toujours suivi avec bonté, sans jamais me perdre de vue, et m'avez ramené à vos pieds de lotus. Cela ne fait aucun doute : personne au monde ne déborde d'amour divin comme un guru. Il n'existe aucun amour désintéressé en ce monde, excepté celui qui relie un vrai guru et son disciple ».

Le vrai guru est Dieu. Il est à l'intérieur de nous dans toutes nos vies et se manifeste sous la forme du Maître quand nous sommes prêts à retourner à notre Source. Le Guru nous ramène à Lui et développe avec nous une relation profonde et durable. Mais cette relation est différente de celle qui existe entre deux êtres. C'est une relation entre Dieu et l'âme. Le guru, d'une manière ou d'une autre transforme le disciple, met fin à ses errances et l'éveille à sa vraie nature : la pure Conscience.

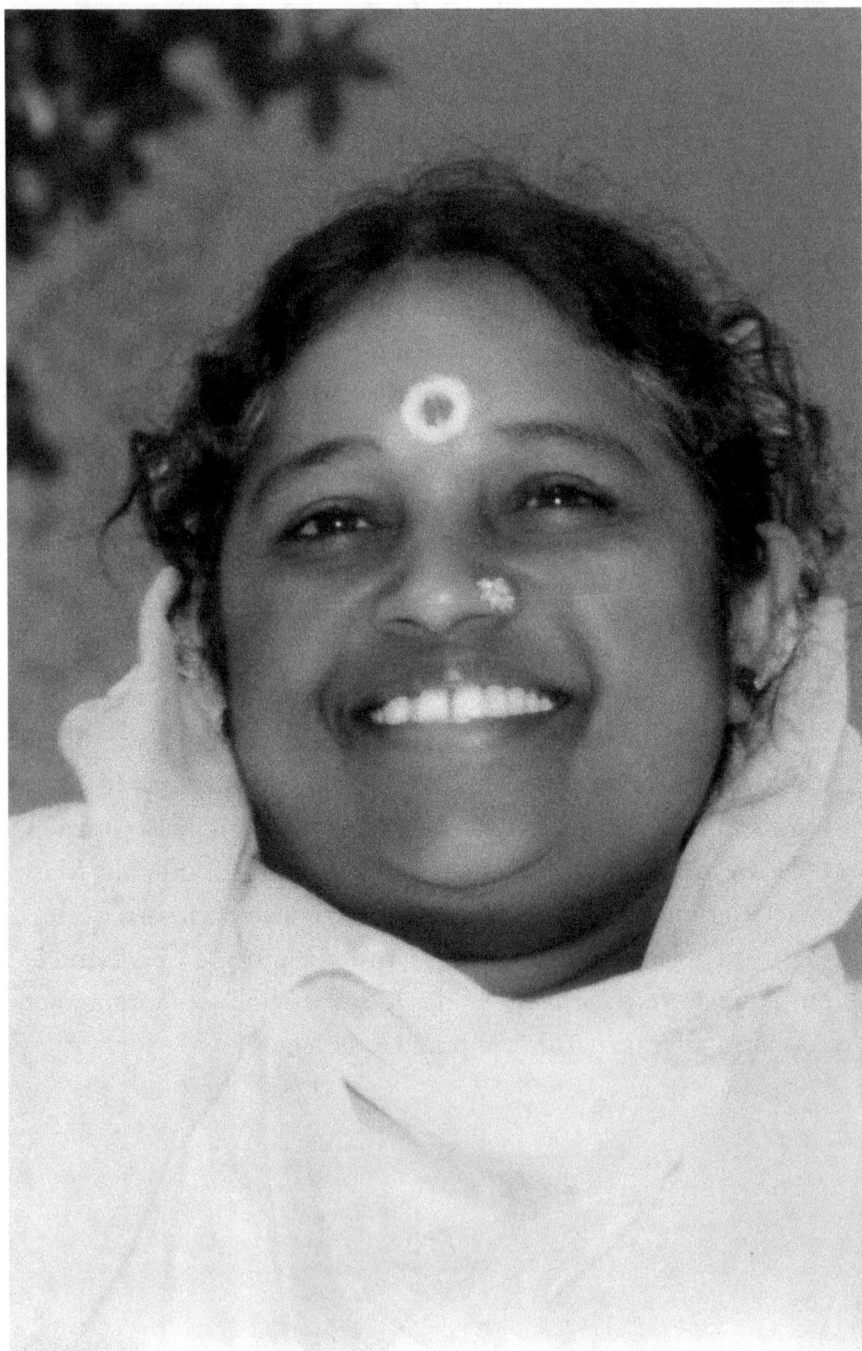

CHAPITRE ONZE

L'attitude du témoin

Les grands êtres comme Amma nous recommandent d'utiliser le mental avec intelligence, c'est-à-dire non seulement pour améliorer notre situation dans le monde, mais encore pour atteindre un état situé bien au-delà de notre état présent d'animal humain, au-delà du mental ordinaire rempli de pensées : l'état d'union avec le Divin. Selon Amma, un être humain est capable de trouver la paix intérieure permanente, la béatitude éternelle, le contentement parfait et l'unité avec la Cause universelle : Satchidananda Brahman, Dieu. Nous ne sommes pas seulement des enfants de Dieu, mais des manifestations de Cela. Nous sommes comme des vagues à la surface de l'océan, qui est leur source et leur soutien. Quand la vague plonge dans l'océan, elle devient l'océan lui-même. Par la sadhana et la grâce divine, nous pouvons faire l'expérience de notre nature omnipotente. Quand nous y parvenons, nous devenons des âmes réalisées, des *jñanis*. Amma dit :

> « Mes enfants, être ancré dans l'attitude du témoin, tel est le véritable but de la vie humaine. Vous pouvez certes travailler, faire usage de votre mental et de votre intellect ; vous pouvez vivre dans une maison et avoir une famille ; vous aurez peut-être de grandes responsabilités familiales et des devoirs officiels à remplir ; mais une fois que vous êtes ancré dans cette attitude, établi dans votre vrai Centre, vous pouvez faire n'importe quoi sans

en sortir. Être dans cet état ne signifie pas rester oisif, ne pas accomplir ses devoirs. Vous vous préoccupez des études de vos enfants, de la santé de vos parents et de votre conjoint, etc., mais au milieu de tous ces problèmes vous demeurez témoin de tout ce qui arrive et de tout ce que vous faites. A l'intérieur, vous êtes parfaitement tranquille, non-affecté.

L'acteur qui joue le rôle du méchant dans un film tire sur son ennemi, se met en colère, se montre cruel et traître, mais à l'intérieur, est-il en colère ? Est-il cruel ? Fait-il réellement tout cela ? Non, bien entendu ; il n'est que le témoin de toutes ces actions. Mentalement, il prend de la distance et agit sans être impliqué, sans être touché. Il ne s'identifie pas à ce que son corps exprime extérieurement. De même, quelles que soient les circonstances, celui qui est établi dans l'état de témoin n'est ni touché ni affecté. »

Cette attitude de témoin, tout le monde peut la cultiver. Il s'agit simplement de faire des efforts conscients et de persévérer. Chaque fois que nous sentons notre calme habituel céder la place à la colère, au ressentiment, à la peur ou au désir, essayons de rester centré dans le cœur ; arrêtons et avançons avec précaution. Ne dégainons pas ; pratiquons le détachement, la non-réactivité.

Quand on est en colère, Thomas Jefferson préconise de compter jusqu'à dix avant de dire le moindre mot, et si l'on est très en colère, de compter jusqu'à cent.

« N'allez pas vous plaindre partout à la ronde que quelqu'un s'est mis en colère contre vous, vous a critiqué et vous a réprimandé. Si on vous sermonne et vous critique, acceptez, ne dites rien. Efforcez-vous de rester calme. Votre calme désarmera l'autre personne. Si vous réagissez, si vous ripostez, cela signifie que vous avez accepté les paroles de l'autre, qui en rajoutera. Il n'y a aucun moyen d'apaiser ce genre de discussion, et le résultat final, c'est l'humiliation, la colère, la haine, le désir de revanche, etc. Pourquoi vous engager dans un processus autodestructeur ? Gardez le silence, restez tranquille. Ou bien, si vous voulez accepter ces paroles, recevez-les comme un cadeau du Divin. Si vous insistez, si vous êtes déterminé à ne l'accepter que comme un défi démoniaque, personne ne peut vous sauver du désastre final, pas même Dieu. »

—Amma

Savoir gérer les critiques

Il était une fois un homme politique qui faisait son travail aussi bien qu'il pouvait. Mais comme tout être humain, il commettait des erreurs et on le critiquait. Les journalistes rapportaient ses erreurs dans les journaux. Il en fut si contrarié qu'il finit par quitter la ville pour rendre visite à un de ses chers amis, un fermier. « Que dois-je faire, dit l'homme politique en pleurant, j'ai fait tant d'efforts ; personne ne s'est efforcé plus que moi d'œuvrer pour le bien commun, et vois comme on me critique » !

Mais le vieux fermier pouvait à peine entendre les plaintes de son ami, le politicien persécuté, car son chien de chasse aboyait, déchaîné, contre la pleine lune. Le fermier gronda son chien, mais celui-ci continua à aboyer. Finalement, le fermier dit à son ami : « Veux-tu savoir comment traiter les critiques injustes ? Voilà comment. Ecoute ce chien ; maintenant, regarde la lune et rappelle-toi que comme le chien, les gens ne cesseront jamais de hurler contre toi, de te mordiller les talons et de te critiquer. Mais voilà la leçon : le chien hurle, mais la lune continue de briller » !

Cela semble peut-être impossible au premier abord, mais un succès en entraîne un autre. Il s'agit de persévérer, de développer la force de notre volonté grâce à des efforts répétés. Amma accorde une grande importance à l'effort personnel. Finalement, nous parviendrons à rester un témoin parfait, même dans les circonstances les plus éprouvantes. Mais si nous réussissons, ne perdons pas pour autant notre humilité. Nous devrions peut-être appeler cette pratique : « l'attitude dévotionnelle du témoin ». Gardons toujours à l'esprit que toute réussite, toute connaissance et toute compréhension sont dues à la grâce du guru. La grandeur véritable est indissociable de l'humilité.

L'humilité de Socrate

On rapporte que l'oracle de Delphes proclama un jour Socrate l'homme le plus sage de la terre. Quelques uns de ses disciples vinrent le lui annoncer : « Vous devriez être heureux. L'oracle a déclaré que vous étiez l'homme le plus sage sur terre ». Socrate rit et dit : « Il s'agit sans doute d'une méprise. Comment pourrais-je être le plus sage ? Je ne sais qu'une seule chose, c'est que je ne sais rien. Il y a donc une erreur. Allez le dire à l'oracle ».

Ils sont retournés dire à l'oracle : « Socrate lui-même a contredit votre déclaration, donc il y a forcément une erreur. Il affirme qu'il n'a aucune sagesse, et qu'il ne sait qu'une chose, c'est qu'il ne sait rien ». L'oracle répliqua : « Voilà pourquoi je déclare qu'il est l'homme le plus sage, car seul un sage peut affirmer une telle chose ».

Seuls les sots affirment être de grands personnages. Le commencement de la vraie sagesse, c'est de comprendre qu'on ne sait rien. Ensuite seulement, on est prêt à apprendre.

Un jeune artiste

Un jeune artiste indépendant tentait de vendre ses dessins à de nombreux journaux. Un rédacteur de Kansas City lui affirma qu'il n'avait aucun talent. Mais il avait foi en ses capacités et ne se découragea pas. Il finit par décrocher un emploi, qui consistait à illustrer les plaquettes distribuées par une église. Il loua un garage infesté de souris pour y produire ses vignettes et continua à dessiner, dans l'espoir que ses croquis trouveraient acquéreur. Une des souris du garage l'inspira sans doute car il créa un personnage de dessin animé appelé Mickey. Walt Disney était né !

Afin de développer cette force de volonté et d'atteindre un stade où nous serons capable de rester témoin, les autres pratiques spirituelles (*sadhana*) sont essentielles. Actuellement, la plupart d'entre nous ont un mental dissipé et distrait. C'est pourquoi il est faible. Prenez un fil très fin et tirez sur les bouts : il casse facilement. Mais si on fabrique une corde avec de nombreux fils, on peut l'utiliser pour soulever des objets lourds. Ainsi, quand le mental contient des pensées nombreuses et variées, chacune d'elles est faible. Mais si nous pouvons nous accrocher à une seule pensée, le mental deviendra très fort et puissant, et notre paix intérieure grandira. C'est dans ce but que nous récitons un mantra. Il nous permettra de réduire peu à peu le nombre des pensées à une seule. Il est facile ensuite de faire taire toutes les autres.

Quand nous essayons, quand nous faisons des pratiques dont le but est d'apaiser le mental, nous risquons de nous lasser et d'être déçus devant son obstination. Il arrive que le mental devienne sec quand nous faisons beaucoup de japa et en fait, c'est même une chose courante. Détendez-vous ; allez-y doucement pendant quelque temps. Inutile de se tuer à la tâche pour réaliser le Soi. En réalité, l'épuisement risque même d'engendrer un état dépressif. Cela revient à tenter de soulever un poids excessif avec un muscle encore trop peu développé.

Saint Antoine du désert

Un jour, le grand moine Antoine du désert, se détendait avec ses disciples devant sa hutte quand un chasseur vint à passer. Surpris de voir Antoine se délasser, le chasseur le traita de fainéant ; telle n'était pas sa conception de la vie d'un saint moine. Antoine répliqua : « Tends ton arc et tire une flèche ». L'homme s'exécuta. « Tire une autre flèche », dit Antoine. Le chasseur tira ainsi un grand nombre de fois. Il finit par dire : « Frère Antoine, si je ne laisse pas de répit à mon arc, il va casser ». « Le moine aussi casse, s'il tire trop sur la corde. Il est juste de relâcher ses efforts de temps en temps, » répondit Saint Antoine.

Lorsque nous sommes auprès d'Amma, oublions nos problèmes matériels et même spirituels. Il arrive que nous soyons obnubilés par nos difficultés au point de devenir aveugles à sa Présence divine. Baignons plutôt dans la présence qui émane d'elle, cette présence qui guérit et répand la béatitude. D'innombrables témoins ont raconté le soulagement physique et mental que leur apporte la proximité d'Amma. Plongez-vous dans l'océan de béatitude qu'est Amma et sortez-en rafraîchi, prêt à continuer le voyage vers notre vraie Demeure.

CHAPITRE DOUZE

Le désir de Dieu

« Brisez les ténèbres de l'ignorance en pensant à Dieu avec un cœur brûlant. Il faut un abandon total à cet Un qui a pris la forme de notre âme. »

—Amma

Nous désirons être heureux, mais beaucoup d'entre nous ne cherchent pas le bonheur à l'endroit indiqué par les sages. Certes, nous avons tous trouvé du bonheur dans la spiritualité, au moins dans une certaine mesure. Nous savons par ouï-dire que nous sommes la Lumière suprême, mais la plupart d'entre nous ne la sentons pas, ne la voyons pas. Nous n'avons pas l'expérience directe de la Réalité —*aparokshanubhuti*. Cette étape de notre voyage de retour vers Dieu peut s'avérer très frustrante. Selon un proverbe, il n'existe que deux êtres insouciants et heureux en ce monde : celui qui est totalement ignorant et le sage parfait. Tous les autres bataillent.

Comme nous n'avons pas cette béatitude intérieure, nous aspirons au bonheur. Nous cherchons à être heureux par tous les moyens possibles, puis nous sombrons dans le chagrin parce que ce qui était censé nous apporter le bonheur n'y parvient que temporairement. Tel est le mystère de la vie. Si nous aspirions au bonheur suprême, Amma dit que nous ne serions jamais déçus. Mais il ne faut pas s'arrêter avant d'avoir atteint le but. Nous avons cette attitude quand il s'agit de satisfaire nos désirs terrestres : nous persévérons jusqu'à ce que nous réussissions. Les Upanishads nous disent : « Levez-vous, éveillez-vous et ne vous arrêtez pas tant que vous n'avez pas atteint le but » ! Ce conseil est très stimulant, gardons-le à l'esprit toute notre vie. Appliquons-le aussi à notre vie spirituelle.

Nous ne serons pas libérés des ténèbres ensommeillées de l'ignorance tant que nous n'aurons pas crié de tout notre être, comme un bébé qui réclame sa mère. Une mère appelle son enfant pour qu'il rentre déjeuner, mais l'enfant, trop occupé à jouer, n'écoute pas. La mère l'appelle de nombreuses fois, mais en vain, si bien qu'elle abandonne. Au bout d'un moment, l'enfant a très faim et pleure pour que sa mère vienne le chercher. Cet appel semble le signe annonciateur de la réalisation de Dieu. Si seulement nous pouvions pleurer pour Dieu comme le faisait Amma !

« O Mère, mon cœur est déchiré par la douleur de la séparation ! Pourquoi Ton cœur ne s'émeut-il pas devant ce flot incessant de larmes ? O Mère, beaucoup de grandes Âmes T'ont adorée, ont obtenu Ta vision et se sont unies à Toi pour l'éternité. O Mère chérie ! Daigne ouvrir la porte de Ton cœur compatissant à Ton humble servante ! Je suffoque comme quelqu'un qui se noie ! Si Tu refuses de venir à moi, alors daigne mettre un terme à ma vie ! »
« O Mère, voici Ton enfant sur le point de mourir dans cette détresse insondable… mon cœur se brise…. Mes jambes vacillent… je me tords comme un poisson jeté sur la rive… O Mère,… Tu n'as aucune bonté pour moi… je n'ai plus rien à T'offrir, rien que mon dernier souffle. »
—Amma

Il semble que cette intensité de sentiment, cette concentration soient requises pour déchirer l'illusion de maya. Rien de ce qui appartient à la création ne peut briser maya puisque cela fait aussi partie du rêve. Seul, le calme absolu de l'esprit centré sur Dieu peut briser la roue, nous éveiller de notre profond sommeil. Dans cet état, on perçoit la vérité, l'unité de toute chose. A cet instant, libéré de toute souffrance, on atteint la béatitude.

> « Il faut un abandon total à cet Un qui a pris la forme
> de notre âme. »

—Amma

Ne considérez pas que Dieu réside quelque part, séparé de vous. Cet Être est votre soutien, la source de votre énergie et de votre intelligence. Apprenons le sens des mots « Abandon de soi ». Il est résumé par ces paroles d'Amma : « Ne t'inquiète pas, Amma est avec toi. » En d'autres termes, vis ta vie quotidienne, agis selon les situations au mieux de ta compréhension, accepte les résultats comme la volonté de Dieu et sois en paix, dans le plaisir comme dans la douleur.

Comme le déclare le Seigneur Krishna dans la Bhagavad Gita :

> « Il est difficile en vérité de percer le voile de cette illusion
> divine (Ma maya), constituée par les trois gunas ; ceux
> qui ne prennent refuge qu'en Moi réussissent à vaincre
> cette illusion. »

—Ch. 7, v.14.

> « Libérés de l'attachement, de la peur et de la colère,
> absorbés en Moi, prenant refuge en Moi, purifiés par

l'austérité (*tapas*) de la sagesse, nombreux sont ceux qui sont parvenus à Moi ».

—Ch.4, v.10

« Il s'agit de chercher le But qui, une fois atteint, permet de ne plus revenir ici-bas. Ensuite, il faut prendre refuge en ce Purusha originel et suprême d'où l'activité (*pravriti*) primordiale a émané. »

—Ch.15, v.4

« Le Seigneur, Ô Arjuna, réside dans le cœur de tous les êtres et par le pouvoir de Sa maya, Il les fait agir, comme des marionnettes dont on tire les ficelles.
Prends refuge en Lui seul, de tout ton être, Ô Bharata ; par Sa grâce, tu trouveras la Paix ultime et la Demeure éternelle. »

—Ch. 18, v.61-62

CHAPITRE TREIZE

Une nature enfantine, non infantile

Le dévot : Amma recommande de cultiver la nature d'un enfant. Mais quand je m'y essaye, j'ai beaucoup d'ennuis avec les autres qui désapprouvent mon immaturité en paroles et en actions. Est-ce que je fais une erreur ?

Amma : Il s'agit de devenir innocent comme un enfant. Les petits enfants ont certaines qualités que les adultes devraient développer afin de progresser spirituellement. Mais ils en ont d'autres qu'il ne faut pas cultiver si l'on veut être heureux. Cela vient du fait que leur intellect n'a pas encore développé son potentiel. Les adultes grandissent physiquement, mais certains restent infantiles.

Considérons d'abord les qualités qu'il ne faut pas cultiver.

L'égoïsme : La plupart des enfants sont extrêmement égoïstes. Ils ne se préoccupent que de leurs désirs et pleurent, font des caprices et des colères s'ils n'obtiennent pas ce qu'ils veulent. C'est un trait de caractère infantile qu'aucun adulte ne devrait avoir, mais que beaucoup possèdent néanmoins. C'est que, comme le dit Amma, bien que leur corps ait grandi, leur intellect n'a pas acquis de maturité.

Le manque de discernement : ils parlent et agissent souvent sans conscience, sans songer aux conséquences. En d'autres termes, ils n'ont que peu de discernement en ce qui concerne ce qu'il faut faire ou ne pas faire, dire ou ne pas dire.

L'irresponsabilité : Ils n'ont pas le sentiment de leur responsabilité et font ce qui leur passe par la tête. Ils n'ont aucun sens du devoir ou de la propriété.

> « Mes enfants, une mère doit avoir beaucoup de patience pour élever ses enfants. Elle doit modeler leur caractère. Les premières leçons d'amour et de patience, l'enfant les reçoit de sa mère. Il ne lui suffit pas de parler d'amour et de patience pour que ses enfants s'imprègnent de ces vertus. Cela est impossible. Il faut qu'elle donne l'exemple de l'amour et de la patience, et mette ces vertus en pratique dans tous ses contacts avec l'enfant. Un enfant peut se montrer très têtu et obstiné, certes, mais telle est la nature de la plupart d'entre eux, car leur mental n'est pas encore arrivé à maturité. Ils ne se soucient que de leurs propres besoins, ils peuvent être très égoïstes et entêtés. Mais cela est permis car cela ne contredit pas les lois de la nature.
>
> Si en revanche, une mère se montre obstinée et impatiente, c'est très destructeur. Cela crée l'enfer. Une mère doit être patiente, patiente comme la terre.
>
> Le père est tout aussi impliqué dans l'éducation des enfants que la mère. Le père, lui aussi, doit être patient. Si le père manifeste de l'impatience, l'innocence et la confiance de l'enfant sont brisées. Il deviendra lui aussi impatient et obstiné, n'ayant jamais fait l'expérience de la patience, puisque personne ne lui en a montré l'exemple. Socialement, un tel enfant s'intègre difficilement. Les

amis ne seront pas patients avec lui, ni sa petite amie ou son petit ami et la société ne sera pas patiente avec un enfant impatient. Les enfants n'auront jamais l'occasion d'apprendre la patience et l'amour s'ils ne les apprennent pas de leurs parents.

Les enfants expriment ce qu'on leur enseigne et ce dont ils ont fait l'expérience en grandissant. Pour le bien de vos enfants, soyez donc très prudents et vigilants ; faites attention à ce que vous dites, à ce que vous faites car chaque parole et chaque action crée une empreinte profonde dans le mental de votre enfant. Elle se grave profondément dans son cœur car ce sont les premières choses qu'il voit et entend. Ce sont ses premières impressions et elles s'impriment dans son mental de façon indélébile. La mère est le premier contact de l'enfant. Puis vient le père, ensuite les frères et sœurs aînés. Toutes les autres relations sont postérieures. C'est pourquoi, devant vos enfants, vous devez maîtriser votre mental. Créez dans votre foyer un environnement favorable à leur croissance. Sinon vous aurez ensuite beaucoup de soucis ».

Les qualités enfantines qu'Amma recommande de développer sont les suivantes :

Vivre dans le présent : Les enfants pensent rarement au passé ou à l'avenir. Ils sont absorbés dans le présent et si les circonstances ne sont pas douloureuses, ils sont insouciants et heureux. Le fardeau de l'inquiétude semble être un trait de caractère des adultes.

Traiter tous les êtres de manière égale : Un enfant ne juge personne. Homme ou femme, quelle que soit sa couleur de peau, sa religion ou sa nationalité, riche ou pauvre, jeune ou vieux, tout le monde est pareil aux yeux d'un petit enfant. Les enfants ont généralement confiance en tout le monde et n'ont peur de personne.

Aucun attachement solide envers quoi que ce soit : Un enfant joue avec un jouet auquel il semble attaché mais le délaisse l'instant d'après pour un autre. Si on lui enlève un objet, son chagrin ne dure que peu de temps. Ses relations avec les gens sont de la même nature, sauf quand il s'agit de la famille proche, mère, père, frère ou sœur.

Aucune attirance sexuelle : Ils n'éprouvent pas d'attirance sexuelle, ils ne font pas de différence entre les sexes. Toutes les femmes sont maman, tous les hommes papa. Ils ne souffrent pas du trouble mental qu'éprouvent les adultes. Ils vivent dans leur propre monde, fait de simplicité, d'innocence et de béatitude.

Des colères brèves : Leur colère dure peu. Contrairement aux adultes, ils ne sont pas rancuniers longtemps. Ils ne considèrent pas les gens comme méchants, même s'ils le sont. On dit que le roi Yudhisthira, célèbre dans le Mahabharata, n'avait pas d'ennemis et ne voyait pas la méchanceté, alors que des milliers de personnes ont essayé de le tuer pendant la guerre. Son cousin Duryodhana ne voyait partout que le mal, il ne voyait le bien chez personne.

L'émerveillement et la spontanéité : Un petit garçon se trouve pour la première fois de sa vie dans un village, loin de la grande ville. Il est sur le trottoir quand un vieil homme arrive en voiture à cheval, et rentre dans une boutique. Le petit garçon, émerveillé, regarde le cheval, un animal qu'il n'a encore jamais vu. Le vieil homme sort du magasin et s'apprête à partir, quand l'enfant lui dit : « Hé monsieur ! Je dois vous avertir qu'il vient de perdre son essence ! »

En face, dans un magasin de fruits, une petite fille arrive, une peau de banane à la main. « Qu'est-ce que tu veux, ma chérie ? » demande le vendeur.

« Une recharge, s'il vous plaît, » vient la réponse.

CHAPITRE QUATORZE

Le travail doit devenir adoration

De nombreux dévots ont le sentiment qu'il leur est impossible de trouver le temps de faire beaucoup de pratiques spirituelles, soit qu'ils soient trop occupés, soit qu'ils manquent de volonté. Certains ressentent leur travail comme une distraction. Ils se sentent déchirés entre deux mondes, le spirituel, qu'ils aiment dans une certaine mesure chez eux ou à l'ashram, et le monde du travail. Le contraste est trop fort pour eux. Amma dit : « Mes enfants, transformez toutes vos actions en adoration, » mais cela est-il réellement possible ?

Certains obtiennent la paix grâce à beaucoup de méditation et à une vie de solitude. D'autres y parviennent en se souvenant constamment de Dieu ou du Guru, dans toutes leurs actions. Les deux sont difficiles. Après tout, il n'est pas si facile de maîtriser le mental turbulent.

Pour que notre travail devienne adoration, cultivons la dévotion à d'autres moments. Quand nous nous réveillons le matin, méditons aussitôt et prions, assis sur le lit, au lieu de nous précipiter à la salle de bains, à la cuisine ou de lire le journal. Dans nos prières, nous pouvons demander à Dieu d'accepter toutes les actions de la journée comme une adoration, et prier pour que nos pensées coulent vers Lui comme le Gange s'écoule vers l'océan.

Pendant la journée, on peut réciter le mantra (*japa*) en allant travailler et en revenant. Une fois rentré chez soi, après le dîner et un moment passé en famille, consacrons du temps à lire la

Bhagavad Gita et le Shrimad Bhagavatam. Ou bien lisons les enseignements de notre guru. Si cela est possible, chantons quelques bhajans et récitons quelques prières. Avant de nous allonger pour dormir, demandons pardon à Dieu pour les erreurs commises dans la journée, et demandons-Lui que notre sommeil soit une longue prosternation devant Lui.

Une fois par mois, consacrons une journée entière à la sadhana, soit chez nous, soit, mieux encore, dans un lieu isolé et plein de beauté. Je parle d'expérience. Quand j'habitais à Berkeley avant mon départ pour l'Inde en 1968, je passais beaucoup de temps dans les collines, seul, à étudier, méditer et prier. Cela m'a beaucoup aidé.

> « La solitude est essentielle. Il faut consacrer du temps entièrement à la sadhana afin de purifier le mental en se libérant des mauvaises *vasanas* (tendances) accumulées dans le passé. La solitude empêche les distractions et le mental se tourne ainsi vers l'intérieur. »
>
> —Amma

Ainsi, peu à peu, le souvenir ininterrompu de Dieu et la paix imprègneront notre vie quotidienne. Nous prendrons conscience des pensées et des actions qui troublent notre paix et nous tenterons de changer de comportement. Même quand la situation est stressante, nous serons en paix. Les choses ne nous affecteront plus comme auparavant. Nous réagirons moins et nous serons de plus en plus témoin, spectateur, au lieu d'être sans cesse en réaction, heureux ou malheureux selon que nous rencontrons le plaisir ou la douleur.

Ceux qui choisissent la solitude doivent eux aussi affronter leurs tendances (*vasanas*) négatives. Selon les mahatmas, les vasanas, les habitudes, sont le principal obstacle qui s'oppose à ce que nous trouvions la paix cachée au-dedans de nous, au-delà du mental pensant. Le problème, c'est que la plupart d'entre elles sont invisibles et inconnues de nous car elles résident dans le subconscient. Grâce à une méditation prolongée et profonde, elles finissent par remonter à la surface, si bien que nous en devenons conscient et prenons des mesures pour les éliminer.

Quoi qu'il en soit, il semble que le chemin du yogi dans sa grotte soit beaucoup plus lent et plus douloureux que celui du dévot qui s'efforce de penser à Dieu tout le temps, en toutes circonstances. Les vasanas de celui-ci se révèlent quand les circonstances les font remonter à la surface. Ceux qui se livrent à une sadhana intense tout en restant dans le monde voient leurs vasanas s'épuiser plus rapidement, d'une manière naturelle et progressive, grâce à cette interaction avec le monde.

Vivre dans le monde ou avec d'autres nous fournit d'abondantes occasions de déraciner la colère, une des habitudes les plus destructrices et les plus communément répandues. Comment connaître l'étendue de sa colère latente quand on est seul dans une grotte ? Au tout début de ma vie spirituelle, j'ai été témoin d'un incident qui m'a marqué pour la vie. Je venais juste d'arriver à Arunachala quand un dévot âgé de l'ashram proposa de me montrer quelques uns des endroits sacrés de Tiruvannamalai et des environs. Nous avons visité beaucoup de grottes sur la colline sacrée et aussi de petits temples. Puis nous sommes allés jusqu'à une grotte sur la colline de Pazhavakunram, où un yogi demeurait depuis de nombreuses années.

Nous étions à quelque distance de la grotte quand un berger arriva avec quelques chèvres. Le yogi déboula soudain de la grotte, furieux, et hurla contre le berger, disant qu'il tuerait toutes les chèvres s'il ne cessait pas de venir là et de troubler sa méditation !

Cette explosion de colère, venant d'une personne qui avait passé des années dans une grotte à méditer, m'a profondément choqué. Je n'avais pas envie d'en faire autant. Cette voie exige certes une grande force de volonté, mais elle ne semblait pas affaiblir la noirceur cachée de l'ego. Un dévot qui désire la grâce de Dieu doit toujours surveiller ses paroles. La parole est très puissante, non seulement pour celui qui l'entend mais autant, sinon plus, pour celui qui la prononce. Elle a le pouvoir de purifier l'atmosphère ou de la polluer ; cela s'applique aussi à notre mental.

Des diamants et des crapauds

Il était une fois une femme qui avait deux filles. L'aînée ressemblait énormément à sa mère, physiquement et moralement. Elles étaient toutes les deux si désagréables et orgueilleuses qu'il était impossible de vivre avec elles. La cadette ressemblait à son père, elle était douce, bonne et très belle.

Comme les gens aiment naturellement ce qui leur ressemble, la mère chérissait sa fille aînée et n'aimait pas la cadette. Elle la faisait manger par terre dans la cuisine et trimer jour et nuit. C'est un peu l'histoire de Cendrillon.

Entre autres choses, cette pauvre enfant devait aller deux fois par jour dans les bois, remplir une grande cruche d'eau à la source située à trois kilomètres de la maison. Un jour, quand elle arriva à la source, une pauvre femme l'aborda et l'implora de lui donner à boire. « Oh oui, certainement, madame, » dit la gentille petite fille. Elle prit un peu de l'eau claire et fraîche de la source et tint la cruche pour que la femme puisse y boire facilement.

Quand elle se fut désaltérée, la femme dit : « Tu es si mignonne, ma petite chérie, si bonne et si gentille, que je ne peux m'empêcher de te faire un cadeau ». C'était en réalité une fée, qui avait pris l'apparence d'une pauvre paysanne pour voir comment cette fille la traiterait. « Et voici mon cadeau, dit la fée : A chaque mot que tu prononceras, une fleur ou un bijou sortira de ta bouche ».

Quand la petite fille arriva chez elle, sa mère la gronda pour son retard. « Je te demande pardon, maman, dit la pauvre fille, de ne pas être revenue plus vite ». Pendant qu'elle parlait, deux roses, deux perles et deux gros diamants tombèrent de sa bouche.

« Que vois-je ? s'exclama la mère très surprise, je pense que je vois des perles et des diamants sortir de la bouche de cette fille ! Comment cela se fait-il, mon enfant ? » C'était la première fois qu'elle l'appelait « mon enfant » ou lui parlait gentiment.

La pauvre enfant raconta à sa mère ce qui était arrivé à la source et le cadeau que lui avait fait la vieille femme, tandis que des joyaux et des fleurs tombaient de ses lèvres.

« C'est merveilleux, s'écria la mère, je dois envoyer mon autre enfant à la source. Allez ma fille, tu vois ce qui sort de la bouche de ta sœur quand elle parle ! Ne serais-tu pas heureuse de recevoir le même don ? Il suffit que tu ailles jusqu'à la source, dans les bois, avec le pichet ; si une pauvre femme te demande à boire, sers-la ».

« Quelle tâche merveilleuse, dit l'enfant égoïste, je n'irai pas puiser de l'eau ! Ma sœur n'a qu'à me donner ses bijoux, elle n'en a pas besoin ».

« Si, tu iras, dit la mère, et tu iras même tout de suite ».

Enfin, tout en maugréant et en jurant, la fille aînée partit, emportant la plus belle cruche en argent de la maison.

A peine était-elle arrivée à la source qu'elle vit une très belle femme sortir du bois. Elle s'approcha et lui demanda à boire. C'était la même fée qu'avait vue la cadette, mais cette fois, elle avait pris l'apparence d'une princesse.

« Je ne suis pas venue ici pour vous servir, répliqua la fille vaine et égoïste, croyez-vous que j'ai apporté ce pichet d'argent d'aussi loin juste pour vous donner à boire ? Vous pouvez puiser de l'eau à la source aussi bien que moi ».

« Tu n'es pas très polie, dit la fée, et comme tu es si discourtoise et peu aimable, je te fais le don que voici : chaque fois que tu diras un mot, des crapauds et des serpents sortiront de ta bouche ».

Dès que la mère vit arriver sa fille, elle lui cria : « Alors, mon enfant, as-tu vu la bonne fée ? »

« Oui, mère », répondit la fille orgueilleuse et pendant qu'elle parlait, deux serpents et deux crapauds sortirent de sa bouche.

« Que vois-je ? s'écria la mère, qu'as-tu fait ? »

Et il en fut toujours ainsi. Des joyaux et des fleurs tombaient des lèvres de la cadette, qui était si bonne et aimable, tandis que l'aînée ne pouvait pas parler sans répandre des serpents et des crapauds.

Quand nous aurons réussi à éveiller le courant intérieur du souvenir de Dieu, alors s'installera en nous, au-delà des pensées et des émotions, un calme sans pareil. Tout en étant actif, nous réussirons à nous y tenir d'une « main » tandis que l'autre s'implique dans le travail. Peu à peu, nous nous détacherons de nos actions pour demeurer dans cette paix, même si nous travaillons intensément.

En fait, méditer tout en travaillant est une pratique spirituelle (*sadhana*) extrêmement efficace. Nous devenons ensuite comme un acteur sur la scène, qui joue son rôle sans s'y identifier. Le sens de ces paroles de Shakespeare se révèle alors à nous :

> « Le monde entier est un théâtre
> Hommes et femmes ne sont que des acteurs
> qui ont leurs entrées et leurs sorties
> Et un homme au cours de sa vie, joue de nombreux personnages
> Chaque acte de la pièce dure sept ans. »

Combattre sans colère

Voici une histoire intéressante, tirée de la vie d'un roi qui avait réussi à dédier ses combats à Dieu. Pendant trente ans, il lutta contre un ennemi très puissant. Finalement, une chance de victoire se présenta. L'ennemi tomba de cheval et le roi bondit sur lui, armé de sa lance. Une seconde de plus, et l'arme perçait le cœur de cet homme, tout était fini. Mais à cet instant, le vaincu cracha au visage du roi et la lance s'arrêta. Le roi porta la main à son visage, se leva et dit à son adversaire : « On recommence demain ».

Stupéfait, l'ennemi lui dit : « Que se passe-t-il ? Nous attendons cela depuis trente ans. J'espérais un jour m'asseoir sur ta poitrine avec ma lance et en finir. Je n'ai pas eu cette chance, mais elle vient de t'être offerte, et tu aurais pu en terminer avec moi en une seconde. Que t'arrive-t-il ? »

Le roi répondit : « Il ne s'agit pas d'une guerre ordinaire. J'ai fait le vœu de combattre sans colère. Pendant trente ans, j'ai lutté sans animosité. Mais pendant un instant, la colère est venue. Quand tu as craché, j'ai senti de la colère et la lutte est devenue personnelle. Je voulais te tuer ; l'ego est monté à la surface. Jusqu'à maintenant, pendant trente ans, il n'y a pas eu de problème : nous combattions pour une cause. Tu n'étais pas mon ennemi et il n'y avait rien de personnel ; je n'avais aucune envie de te tuer. Je voulais simplement que la cause triomphe. Mais pendant une seconde, j'ai oublié cette cause, tu étais mon ennemi et je voulais te tuer. C'est pourquoi je ne peux pas le faire. Donc, recommençons demain. »

Mais la guerre ne recommença jamais car l'ennemi se transforma en ami. Il dit : « Enseigne-moi ; sois mon maître, et moi ton disciple. Je voudrais moi aussi combattre sans colère. »

La Bhagavad Gita enseigne ce principe de l'action détachée d'une manière limpide :

« Sache rester équanime dans le plaisir et la douleur, face aux gains et aux pertes, à la victoire et à la défaite, puis lance-toi dans la bataille (de la vie). »

—Ch. 2, v. 38

« Donc, tout en restant détaché, accomplis toujours ton devoir. En agissant sans attachement, l'être humain atteint le Suprême. »

—Ch. 3, v.19

« Consacre-Moi toutes tes actions et, l'esprit fixé sur le Soi, libre de tout désir et de l'égoïsme, guéri de cette fièvre mentale (l'illusion de l'ego), combats !
Ceux qui pratiquent constamment Mon enseignement, avec foi et sans se plaindre, sont libérés de l'esclavage des actions. »

— Ch. 3, v. 30-31

« Ayant renoncé à tout attachement égoïste, les yogis agissent uniquement avec le corps, le mental, l'intellect et les sens, dans le seul but de se purifier.

Uni à Brahman, ayant renoncé aux fruits de ses actes, le yogi au mental ferme trouve la paix éternelle née de la dévotion ; ceux qui en revanche agissent sous l'emprise de leurs désirs, attachés aux fruits de l'action, sont liés par les chaînes de leurs actes. »

—Bhagavad Gita, Ch. 5, 11-12

En étudiant les enseignements d'un maître, en choisissant la compagnie d'un grand être (*mahatma*) comme Amma, nous acquérons la foi, la conviction que les enseignements de la spiritualité sont la vérité ultime. La véritable nature de l'être individuel est beaucoup plus subtile que le corps et le mental : c'est le principe infiniment subtil de la conscience indestructible, *l'atman*, le « je ». L'atman et sa source, Brahman, la Réalité suprême, sont en essence un, comme une étincelle et le feu.

La spiritualité est le mode de vie tourné vers le but ultime de la vie, la réalisation, l'expérience directe de l'unité de l'atman avec l'Être suprême, Dieu. Tant qu'il n'a pas cette expérience, l'individu continue à se réincarner dans le cycle sans fin de la naissance, de la mort et de la renaissance, que l'on appelle *samsara*. Les techniques proposées pour transcender l'identification avec l'ensemble corps-mental sont appelées yoga, et il s'agit de les appliquer jusqu'à ce que l'on atteigne la libération du samsara.

Protégez votre foi

> « Si vous perdez la foi, vous serez envahi par le sentiment douloureux de la vanité de toute chose. »
>
> —Amma

Comment perd-on la foi ? Il arrive qu'elle soit ébranlée par la compagnie de gens ou la lecture de livres partisans du matérialisme. Nous perdons de vue notre orientation spirituelle, notre but, et seul le matérialisme paraît avoir un sens. Même notre lieu de vie ou la nourriture que nous consommons suffisent parfois à opérer ce changement. Si nous suivons cette voie, nous finirons par être déçus, dans cette vie ou dans une autre, car le matérialisme est incapable de combler l'âme individuelle ou *jiva*. Pourquoi ? C'est que nous sommes, en essence, des esprits temporairement liés à un corps. Dans cette vaste création, nous errons dans une quête constante du bonheur. Voilà pourquoi Amma affirme que si vous quittez le chemin, un sentiment douloureux de la vanité de toute chose s'installera.

> « Prêtez attention à l'essence des conseils d'Amma et cultivez la pureté intérieure. Ensuite, mes enfants, le monde divin de la béatitude éternelle brillera en vous. »
>
> —Amma

Quelle est l'essence de l'enseignement d'Amma ? Réalisez le Soi. Comment s'y prendre ? La première étape est de cultiver la pureté intérieure. La pureté du corps, obtenue en le lavant et en le gardant propre, ne peut pas nous donner la pureté intérieure. Si tel était le cas, les canards et les poissons auraient un mental pur et seraient tous des saints. La pureté intérieure, c'est la pureté du mental. Nous reconnaissons tous les pensées pures et les pensées impures. Les premières nous apportent la tranquillité et le bonheur. Les secondes nous agitent et nous rendent malheureux. Il faut discerner entre les deux, rejeter les secondes et cultiver les premières. La tâche n'est pas facile. Ignorants de la véritable spiritualité, nous avons entretenu des pensées impures, matérialistes, pendant un temps infini.

Toutes les pratiques spirituelles visent à purifier le mental des pensées rajasiques et tamasiques et à augmenter les pensées sattviques. Tel est le but de la sadhana. A la fin, pour que notre nature divine se révèle, même les pensées sattviques doivent être rejetées. Le monde divin de la béatitude éternelle est à l'intérieur de nous ; c'est la nature même du mental purifié. « Le Royaume des Cieux est en vous, » a dit le Christ. Parmi les nombreux mondes qui existent, quel que soit celui où nous vivrons ensuite, nous vivrons dans la joie, la paix et la béatitude immuables et pures. Quand le mental est agité, cela en soi est l'enfer. Mais on aura beau être en enfer, si le mental est pur, il connaîtra la béatitude. Cet état de conscience transcende la souffrance.

Un saint soufi

Mansur Al-Hallaj était un célèbre Soufi du 10ème siècle. Il fut torturé et exécuté en l'an 922 pour avoir déclaré « *Ana al Haq,* » ce qui signifie « Je suis la Vérité ». Il mourut avec le sourire, dans la connaissance du Soi.

La Bhagavad Gita décrit cet état :

> « Lorsqu'il a obtenu Cela, le yogi comprend qu'il n'existe rien de supérieur : établi fermement en Cela, rien ne l'ébranle plus, pas même une grande souffrance.

Sache que la rupture de notre union avec la souffrance a pour nom yoga (union – avec le Divin). Il faut le pratiquer avec détermination et sans jamais se laisser décourager.

Abandonnant sans réserve tous les désirs nés de l'imagination (qui incitent à l'action) et maîtrisant parfaitement par le mental la totalité des sens, en toutes directions, que le yogi atteigne peu à peu la quiétude en contrôlant son intellect (*buddhi*) fermement ; une fois son mental établi dans le Soi, qu'il ne pense plus à rien.

Le yogi doit détourner le mental instable et agité de tout ce qui le fait vagabonder et le ramener sous le seul contrôle du Soi.

Car en vérité, la félicité suprême envahit le yogi dont le mental est dans une paix profonde, qui ne ressent plus l'aiguillon de l'activité ; il est pur, il est devenu lui-même Brahman.

Constamment absorbé dans le yoga, un tel yogi, libéré de tout péché, atteint ainsi aisément la béatitude infinie que procure le contact avec le (suprême) Brahman. »

—Ch.6, v.22-28

CHAPITRE QUINZE

Le grand pouvoir de Maya

« Maya, la puissance divine d'illusion, nous empêche de progresser spirituellement. Nous vivons dans la conscience du corps, le cœur plein de chagrin. Quel dommage que le démon du désir, qui nous influence par des tentations illusoires, nous fasse chuter dans le sombre abîme de maya pour y devenir la nourriture du dieu de la mort. Tous vos soucis ne prendront fin que si vous abandonnez vos désirs pour mettre votre espoir en Dieu seul ».

—Amma

Maya, la puissance divine d'illusion, nous tire toujours vers le bas, loin de la Réalisation de Dieu, loin de notre Source, l'Océan de béatitude. Sous sa coupe, nous oublions notre vrai Soi et nous identifions avec la partie périssable de notre être, le corps et la personnalité. Une fois cette identification installée, le vrai bonheur nous échappe. Nous le cherchons sans fin, dans les plaisirs des sens et du mental. Jusqu'à la mort, le chagrin et le bonheur alternent dans notre vie. Seul le sommeil profond semble nous apporter un certain soulagement. Même la mort ne résout pas ce problème éternel. La même illusion persiste dans l'autre monde et encore ensuite. Il s'agit de le comprendre et, une fois que nous savons que la seule solution est la Libération, de faire des efforts intenses pour y parvenir.

Tristement, maya nous fait miroiter beaucoup de choses qui nous paraissent alors attirantes, des sources possibles de plaisir et de bonheur ; elle nous rend aveugle à leur aspect négatif, aux possibilités ou probabilités de souffrance qu'elles recèlent. Avant tout, c'est l'apparence physique qui nous éblouit. La beauté physique attire tout le monde, mais comme dit le proverbe : « Tout ce qui brille n'est pas d'or ». Une personne belle et bien vêtue peut fort bien être un démon à l'intérieur, et si nous pouvions voir sous le charme extérieur, nous ne serions pas si enchantés par son apparence.

Malheureusement, nous aurons beau courir toute notre vie après maya, nous n'atteindrons pas le bonheur, la paix durable que nous désirons. Nous répétons sans cesse les mêmes actions, comme une vache qui rumine. Et contrairement à Amma, nous sommes incapables de percevoir l'Impérissable dans le périssable, à cause de notre vision grossière. Le plus étrange, c'est que même quand nous entendons, comprenons et croyons à cette vérité, nous sommes incapables de nous mettre sérieusement à l'œuvre pour y remédier. Et même si nous nous mettons en route vers la Vérité, nos anciennes habitudes nous tirent sans cesse en arrière, dans l'océan du samsara. Nous avons le sentiment que les vérités spirituelles ne sont qu'un but désirable, et non la vérité qu'il est urgent d'atteindre. Nous sommes comme des créatures au fond de l'océan, qui n'ont aucune envie de nager vers la surface et d'apprécier la lumière. C'est seulement quand l'extrême gravité de la situation nous apparaît enfin que nous faisons l'effort requis pour y échapper. D'ici là, Amma nous dit : « Faites ceci, mes enfants, » et nous répondons : « Pas encore, Amma, j'ai encore d'autres choses importantes à faire ».

Le riche marchand

Il était une fois un très riche marchand, propriétaire de nombreuses boutiques et entrepôts. Sur le chemin qui menait de son bureau à sa maison, il y avait un petit temple de Shiva. Chaque soir, en rentrant chez lui, il s'y arrêtait et adorait le Seigneur, déposant à Ses pieds tous ses soucis. Il priait : « O Seigneur Shiva, je suis fatigué de cette vie. Que de soucis, que de travail, et combien de nuits sans sommeil ! Je T'en prie, délivre-moi de tous ces problèmes en m'amenant à Tes pieds » ! Chaque jour, il faisait la même prière. Mais il venait au temple très tard, après son travail, et le prêtre du temple était très ennuyé. Le temple fermait normalement à neuf heures le soir mais le marchand ne venait qu'après dix heures si bien que le prêtre était obligé de rester jusqu'à son départ. Il ne pouvait pas non plus lui en refuser l'entrée car il s'agissait d'un homme influent. Il pria donc le Seigneur de trouver un moyen de mettre fin à ce désagrément.

Le prêtre imagina enfin un stratagème. Il était dix heures quand le marchand arriva dans le temple, selon son habitude. Le prêtre se cacha derrière la statue de Shiva. Notre homme pria comme toujours : « O Seigneur ! Je suis fatigué de cette vie malheureuse. Je T'en prie, amène-moi à Tes pieds ».

A peine avait-il parlé, qu'une voix de stentor sortit du sanctuaire : « Viens, viens à moi à l'instant même et je t'emmènerai pour toujours » ! Sous le choc, l'homme faillit s'évanouir.

Quand il eut retrouvé sa voix, il s'écria : « O Seigneur ! Pardonne-moi, mais j'ai une centaine de devoirs à remplir. Le mariage de ma fille est fixé pour la semaine prochaine ; mon fils doit entrer en fac de médecine et ma femme n'est pas encore rentrée de sa visite chez mon gendre. J'ai acheté un autre entrepôt et la signature de la vente est pour vendredi. Quand j'aurai réglé tout cela, je viendrai, O Seigneur ! » Sur ces paroles, le marchand sortit du temple en courant et le prêtre n'eut plus jamais besoin de veiller car il ne revint plus jamais !

Nous entendons chaque jour parler de jeunes gens ambitieux auxquels la vie sourit, qui meurent soudainement. « Bien sûr, cela ne m'arrivera pas », pensons-nous. Nous succombons à la fascination de maya jusqu'à la fin. Pris dans son filet, nous poursuivons un but ou un autre, oublieux de la vérité et devenons ainsi « la nourriture du dieu de la mort ».

Maîtriser les désirs

Le célèbre écrivain et philosophe russe Léon Tolstoï a écrit une histoire qui illustre métaphoriquement la nécessité de poser des limites à nos désirs, les grands mirages de maya. Cette histoire expose très bien la vérité suivante : il peut nous arriver, dans notre ruée vers les chimères du monde, d'en faire trop, d'oublier la mort et de devenir le petit déjeuner de ce dieu.

Il était une fois un paysan nommé Pahom qui travaillait dur et honnêtement pour sa famille, mais qui n'avait pas de terre ; il restait donc toujours pauvre. Près du village de Pahom habitait une femme, petite propriétaire terrienne, qui possédait environ cent cinquante hectares. Un hiver, on apprit que cette femme allait vendre ses terres. Pahom sut qu'un de ses voisins achetait vingt-cinq hectares et que la propriétaire acceptait qu'il paye la moitié comptant et donne le reste un an plus tard.

Pahom et sa femme réfléchirent ensemble au moyen d'acheter des terres. Ils avaient cent roubles d'économies. Ils vendirent un poulain, la moitié de leurs abeilles, louèrent un de leurs fils comme ouvrier agricole et prirent ses gages d'avance. Ils empruntèrent le reste à un beau-frère et réussirent tant bien que mal à rassembler la moitié de l'argent. Cela fait, Pahom choisit une ferme de vingt hectares, en partie boisée, et alla trouver la propriétaire pour l'acheter.

Pahom avait donc maintenant sa propre terre. Il emprunta du grain, sema, et la récolte fut bonne. En un an, il réussit à payer ses dettes à la propriétaire et à son beau-frère. Il devint donc propriétaire, labourant et ensemençant ses propres champs, produisant du foin sur sa terre, coupant ses propres arbres et faisant paître son bétail dans ses pâturages.

Puis un jour, Pahom était assis chez lui quand un paysan qui traversait le village s'arrêta. Pahom lui demanda d'où il venait et l'étranger répondit qu'il arrivait des terres au-delà de la Volga, où il avait travaillé. De fil en aiguille, l'homme raconta qu'il y avait là-bas beaucoup de terres à vendre, et que beaucoup de gens venaient s'y installer. La terre était si bonne, dit-il, qu'un paysan arrivé les mains nues possédait maintenant six chevaux et deux vaches.

Le cœur de Pahom se remplit de désir. « Pourquoi souffrir dans ce trou, songea-t-il, si on peut vivre aussi bien ailleurs ? Je vais vendre ma terre et ma ferme, et avec l'argent, je vais recommencer là-bas, repartir à zéro ». Alors Pahom vendit sa ferme, ses terres et son bétail, avec un bon profit, et partit avec sa famille vivre sur les terres nouvelles. Tout ce que le paysan avait raconté s'avéra vrai et Pahom devint dix fois plus riche qu'il ne l'était auparavant. Il acheta beaucoup de terres arables et de prairies, et il put avoir autant de bétail qu'il le désirait.

Au départ, dans l'effervescence de la construction et de l'installation, Pahom était tout heureux, mais quand il s'y fut habitué, il eut le sentiment de n'être pas encore satisfait, malgré tout ce qu'il possédait. Puis un jour, un homme qui faisait le commerce de la terre raconta qu'il revenait tout juste du pays des Bashkirs, très loin, où il avait acheté six mille hectares de terres pour tout juste mille roubles. « Il suffit de se lier d'amitié avec les chefs, dit-il, j'ai distribué pour environ cent roubles de robes de chambre et de tapis, une caisse de thé, et j'ai donné du vin à ceux qui en boivent, si bien que j'ai eu la terre pour moins de deux centimes le demi hectare ».

Pahom se dit : « Là-bas, je pourrai obtenir dix fois plus de terres que ce que je possède maintenant. Je dois essayer ». Il laissa donc la ferme aux soins de sa famille et partit en voyage en emmenant son serviteur. En chemin, ils s'arrêtèrent dans une ville et achetèrent une caisse de thé, un peu de vin et d'autres cadeaux, comme le marchand le leur avait conseillé. Puis ils continuèrent, pendant près de cinq cent kilomètres, et le septième jour, ils arrivèrent à un endroit où les Bashkirs avaient planté leurs tentes.

Dès qu'ils virent Pahom, ils sortirent de leurs tentes et s'attroupèrent autour du visiteur. Ils lui offrirent du thé et de la nourriture en abondance. Pahom sortit les cadeaux de sa carriole et les leur distribua ; il leur dit qu'il était venu pour avoir de la terre. Les Bashkirs parurent très heureux et lui dirent qu'il devait en parler à leur chef. Ils envoyèrent quelqu'un le chercher et lui expliquèrent pour quel motif Pahom était venu.

Le chef écouta un moment, puis leur fit signe de se taire et s'adressa à Pahom :

« Bien, c'est d'accord. Choisis les terres que tu veux. Nous en avons énormément. »

« Et quel est le prix ? » s'enquit Pahom.

« Notre prix est toujours le même : mille roubles la journée ». Pahom ne comprenait pas.

« La journée ? Quelle mesure est-ce là ? Combien d'hectares cela représente-t-il? »

« Nous vendons à la journée. Ce dont tu peux faire le tour à pied à pied en une journée t'appartient, et le prix est de mille roubles. »

Pahom était très surpris. « Mais en une journée, on peut faire le tour d'une grande portion de terres, » dit-il. Le chef rit.

« Tout cela sera à toi, dit il, mais il y a une condition : si tu ne reviens pas à ton point de départ le même jour, ton argent est perdu. »

Pahom était enchanté, mais il n'en dormit pas de la nuit. Il pensait à la terre. « Quel grand territoire je vais marquer ! se disait-il, je peux facilement parcourir quarante kilomètres dans la journée ; les jours sont longs maintenant et à l'intérieur d'un circuit de quarante kilomètres, que de terre ! »

Le lendemain matin, les Bashkirs se préparèrent et ils partirent ensemble. Ils montèrent sur une colline, puis descendirent de leurs chariots et de leurs chevaux et se rassemblèrent à un endroit. Le chef alla vers Pahom et tendit le bras vers la plaine.

« Vois, dit-il, tout cela, aussi loin que porte ton regard, nous appartient. Tu peux en avoir la portion qui te plaît. »

Les yeux de Pahom brillèrent : c'étaient des terres vierges, aussi plates que la paume de la main, aussi noires qu'un grain de pavot, et dans les creux, différentes sortes d'herbes poussaient jusqu'à hauteur de la poitrine. Il enleva son gros manteau, prit un petit sac de pain dans la poche de sa veste, attacha une bouteille d'eau à son pantalon et se prépara à partir. Il réfléchit un moment où diriger ses pas. La tentation était partout.

Pahom se mit en route d'un pas ni lent ni rapide. Au bout de mille mètres, il s'arrêta et conclut qu'il avait marché quatre kilomètres. Il faisait chaud maintenant. Il regarda le soleil, il était temps de penser au petit déjeuner. « Je vais continuer encore trois kilomètres, se dit-il, et ensuite, je tournerai à gauche. Cet endroit est si excellent que ce serait dommage de le perdre. Plus on s'éloigne, plus la terre semble bonne. »

Il marcha tout droit pendant un moment, puis il se retourna ; la colline était à peine visible et les gens au sommet ressemblaient à des fourmis noires, il pouvait juste voir quelque chose qui brillait au soleil. « Ah, songea Pahom, je suis allé assez loin dans cette direction, il est temps de revenir ; et en plus, j'ai très soif. »

Il continua encore et encore ; l'herbe était haute et il faisait très chaud. Pahom sentit la fatigue. Il regarda le soleil et vit qu'il était midi. « Bien, se dit-il, il faut que je me repose ». Il s'assit, mangea un peu de pain, but un peu d'eau puis se dit : « Souffrir une heure, vivre une vie », il se remit donc en route. Il marcha longtemps et regarda ensuite vers la colline. La chaleur faisait monter la brume, l'air paraissait trembler, et à travers la brume, on distinguait à peine les gens sur la colline. Il regarda le soleil : il était descendu de moitié vers l'horizon et il lui restait encore dix kilomètres à parcourir.

Pahom se dirigea droit vers la colline, mais il marchait maintenant avec difficulté. Il était épuisé par la chaleur, ses pieds nus étaient pleins de coupures et de bleus. Et ses jambes vacillaient. Il aspirait au repos, mais c'était impossible s'il devait atteindre la colline avant le coucher du soleil. Le soleil n'attend personne et il baissait constamment. Pahom marchait ; c'était très dur, mais il allait de plus en plus vite. Il se hâtait, mais il était encore loin du but. Il se mit à courir. « Que faire, se dit-il encore, j'ai voulu prendre trop de terre, et tout est perdu. Je ne peux pas atteindre le sommet avant le coucher du soleil. »

La peur lui coupait encore plus le souffle. Pahom continuait à courir, sa chemise trempée et ses pantalons lui collaient à la peau ; il avait la bouche desséchée. Sa poitrine se gonflait comme le soufflet d'un forgeron, son cœur battait comme un marteau et ses jambes se dérobaient sous lui, comme si elles ne lui appartenaient pas. La terreur s'empara soudain de lui : « Et s'il allait mourir d'épuisement ? » Malgré la peur de la mort, il ne pouvait pas s'arrêter. « Maintenant que j'ai couru tout ce temps, si je m'arrête, ils me traiteront d'imbécile. »

Il continua à courir, et en se rapprochant, il entendait les Bashkirs crier et l'encourager ; leurs cris lui enflammèrent le cœur encore plus. Rassemblant ses dernières forces, il continua à courir. Le soleil était proche de l'horizon et allait se coucher ! Il était très bas, mais Pahom était très proche de son but. Il pouvait déjà voir les gens sur la colline qui lui faisaient de grands signes pour qu'il se hâte. Avec toute la force qu'il lui restait, il courut, le corps penché en avant, si bien que ses jambes pouvaient à peine suivre assez vite pour l'empêcher de tomber. Comme il arrivait à la colline, la nuit tomba soudain. Il regarda : le soleil était couché ! Il poussa un cri « Tous mes efforts sont perdus ! »

Il allait s'arrêter, quand il entendit les Bashkirs crier encore et il se rappela que si d'en bas, le soleil paraissait couché, sur la colline on le voyait encore. Il prit une grande respiration et courut jusqu'au sommet. Là, il faisait encore jour. Il arriva en haut ; le chef riait, assis, en se tenant les côtes. Pahom poussa un cri, ses jambes cédèrent et il tomba de tout son long. Pahom était mort !

Son serviteur prit une pelle, creusa une tombe assez grande pour y mettre Pahom et l'enterra. Un mètre quatre-vingts, de la tête aux talons, cela fut suffisant !

CHAPITRE SEIZE

Dieu seul agit

Seule la grâce de Dieu peut annihiler les vasanas

Lors d'une bataille entre les êtres célestes et les démons, les premiers remportèrent la victoire sur les seconds. De telles batailles sont incessantes à tous les niveaux de conscience, entre les forces positives et négatives de la vertu et du vice. Parfois c'est la vertu, parfois c'est le vice qui triomphe. En cette occasion, les être célestes furent victorieux ; ils en tirèrent vanité et pensèrent que la victoire était due à leurs propres forces, oubliant la Puissance invisible qui sous-tend toutes nos actions, que l'on décrit comme la Vie de la vie, le Seigneur, la Puissance divine.

Afin de briser cet orgueil, obstacle sur la voie spirituelle, Brahman plein de compassion, l'Omniscient, la pure Conscience, leur apparut sous la forme d'un esprit mystérieux, un *yaksha*, surhumain, incroyablement puissant, une forme gigantesque que les êtres célestes n'avaient jamais vue auparavant. Ils furent stupéfaits par l'apparition de cet Être si merveilleux.

Agni, le dieu du feu, fut envoyé pour découvrir qui était ou ce qu'était exactement cet Être. Mais avant qu'il puisse poser la moindre question, ce fut le yaksha qui l'interrogea et lui demanda qui il était et quel pouvoir il possédait. Agni répondit avec orgueil qu'il était le célèbre dieu du feu, le premier parmi les êtres célestes, capable de réduire l'univers en cendres. C'était tendre la perche à une mise à l'épreuve de son pouvoir.

Cet Être plaça un fétu de paille devant Agni et lui demanda de le brûler. Cela lui fut impossible, car le yaksha, la Puissance suprême qui gouverne toutes les actions, lui avait retiré le pouvoir de brûler. Agni fut donc incapable de toucher le fétu de paille ou de le secouer, lui, le dieu du feu ! La tête basse, honteux et frustré, Agni alla rejoindre les dieux.

Puis ce fut le tour de Vayu, le dieu du vent, d'aller s'enquérir de la vraie nature du yaksha. La même question lui fut posée, et il subit le même sort. « Je peux emporter de mon souffle n'importe quoi sur cette terre ! » répondit Vayu fièrement. Le yaksha posa un brin d'herbe devant lui et lui demanda de souffler dessus. Vayu essaya, mais le brin d'herbe ne bougea pas. Il recommença, souffla de toutes ses forces, mais le brin d'herbe ne bougea pas le moins du monde. Son ego en fut écrasé. Embarrassé et abattu, il ne pensa même pas à demander au yaksha qui il était, et s'en retourna humilié.

Ce fut ensuite Indra, le roi des êtres célestes, l'empereur des trois mondes, qui se rendit près du yaksha, en pensant que là où les autres dieux avaient échoué, il réussirait peut-être, puisqu'il était leur roi. Indra était certainement plus puissant que les autres dieux. Il partit, mais quand il arriva, le yaksha avait disparu. A sa place, il vit une belle femme ; c'était la déesse Parvati. Indra lui demanda qui était le yaksha et elle répondit : « C'était l'Être divin lui-même. C'est grâce à sa puissance que vous avez pu vaincre les démons. »

Indra comprit alors que les dieux s'étaient montrés stupidement orgueilleux et que la puissance qui soutient les choses et les êtres est celle de l'Être suprême, invisible, qui accomplit en réalité toute action. Il partit le cœur humble, et Parvati disparut. Indra informa ensuite les autres dieux. Comme il avait été le premier dieu à comprendre que l'Être suprême seul agit, il fut ensuite considéré comme le plus grand parmi eux.

Une leçon à retenir de cette histoire, c'est qu'on ne peut vaincre les vasanas nuisibles que par la grâce de Dieu. Sa puissance et Sa volonté font onduler le moindre brin d'herbe. L'humilité est une qualité requise pour apprendre les principes de la spiritualité. Rappelons-nous toujours que Dieu écrit la pièce, la met en scène, et prend soin du moindre d'entre nous. La véritable humilité s'installe avec la conscience de Sa Présence en nous. Pour cela, il ne suffit pas d'avoir une attitude dévotionnelle. Cela doit devenir une expérience directe, qui jaillit d'une sadhana intense et de l'abandon de soi.

Pour citer les paroles de cette grande âme que fut le Christ, incarnation du renoncement et de la foi :

> « Voyez les lys des champs, comme ils poussent ; ils ne tissent ni ne filent ; mais je vous dis que Salomon dans toute sa gloire ne fut jamais vêtu avec autant de splendeur que l'un d'entre eux. Et si Dieu pare ainsi l'herbe des champs, vivante aujourd'hui et morte demain, comment pourrait-Il manquer de vous vêtir, O hommes de peu de foi ? Ne soyez donc pas inquiets en vous demandant « Que mangerons-nous ? Que boirons-nous ? Quels vêtements porterons-nous ? » Cherchez d'abord le Royaume des cieux et le reste vous sera donné par surcroît. »

Tous les événements de ce monde, grands ou petits, importants ou insignifiants, sont régis par Lui seul, et Sa puissance fait tout. Lui seul est la cause de la victoire ou de la défaite. Il accomplit des miracles et si nous analysons profondément les causes de ce qui se produit dans notre vie, tout nous semblera un miracle. Dieu est partout, mais nous ne pouvons pas Le voir comme nous voyons les objets et les personnes. Il faut donc méditer sur Lui comme la Cause ultime de tout ce qui arrive ici-bas et dans tous les autres mondes.

> « L'abandon de soi se produit quand on prend conscience de sa propre impuissance. On se rend compte que tout ce qu'on appelle « sien », l'intellect, la beauté et le charme, la santé et la fortune, tout cela n'est rien devant la menace puissante et imminente de la mort. La mort emportera tout. Cette prise de conscience réveille et rend vigilant. Vous comprenez que vous appelez vôtres des choses qui ne vous appartiennent pas réellement. Donc, abandonnez-vous à Dieu. »

Libre à vous de profiter des nombreux plaisirs de la vie, mais faites-le en étant conscient que tout cela peut vous être enlevé à tout instant. Si l'on vit avec cette conscience, l'abandon de soi vient naturellement. Tant que l'on n'est pas conscient de son impuissance, du fait que l'ego ne peut pas nous sauver et du néant de tout ce que l'on peut acquérir, Dieu (ou le guru) continue à créer les circonstances nécessaires pour que l'on comprenne cette vérité. Quand cette compréhension s'éveille, on s'abandonne. On lâche toute peur et on laisse Dieu (ou le guru) danser sur son ego, tandis que l'on se prosterne à Ses Pieds. C'est alors que l'on devient véritablement un dévot. Tel est le sens réel de la prosternation.

La destinée ultime de toutes les âmes est de lâcher tout ce qui fait obstacle à la paix et au contentement. Quand ce moment arrive, on abandonne l'ego et la lutte est terminée. On ne proteste pas, on ne réfléchit même pas : « Dois-je lâcher prise ou non ? » On s'incline et on s'abandonne. Au plus profond d'elle-même, toute âme attend ce grand lâcher prise.

« Dans une vraie prière, il n'y a jamais ni suggestion, ni instruction, ni demande. Le dévot sincère dit simplement : « O Seigneur, je ne sais pas ce qui est bon ou mauvais pour moi. Je ne suis personne, je ne suis rien. Tu sais tout. Je sais que tout ce que Tu fais est forcément pour le mieux ; fais donc comme Tu le souhaites. » Dans la vraie prière, on se prosterne, on s'abandonne et on confesse son impuissance au Seigneur. »

—Amma

La différence entre une personne orientée vers la spiritualité et une qui ne l'est pas, c'est son attitude face à la vie, non ses expériences. Tout le monde reçoit sa part de plaisir et de douleur. Deux personnes auront peut-être des expériences similaires, mais leur réaction sera différente. L'une en tire des leçons bénéfiques et croît en sagesse, tandis que l'autre non. Un dévot voit la main de Dieu dans tout ce qui lui arrive. Néanmoins, seul un mahatma peut réellement comprendre Ses intentions, Sa volonté.

Sois toi-même

Il était une fois, au Japon, un pauvre tailleur de pierre appelé Hofus. Il allait chaque jour dans la montagne pour y découper de gros blocs de pierre. Il habitait près de la montagne, dans une petite hutte en pierre. Il travaillait dur et il était heureux. Un jour, il emporta un chargement de pierres jusqu'à la maison d'un homme riche. Là, il vit de très belles choses. Quand il retourna à sa montagne, il ne pouvait plus penser à rien d'autre.

Il se mit à désirer de pouvoir lui aussi dormir dans un lit aussi doux que le duvet, avec des rideaux de soie et des pompons en or. Et il soupira : « Ah, si seulement Hofus était riche comme lui ! » A sa surprise, la voix de l'esprit de la montagne répondit : « Que ton souhait soit exaucé ! »

Quand Hofus rentra chez lui ce soir là, sa petite hutte avait disparu et à sa place se trouvait un grand palais. Il était rempli de beaux objets, et le meilleur de tout, c'était un lit de duvet, avec des rideaux de soie et des pompons en or. Hofus décida de ne plus travailler, mais il n'avait pas l'habitude de rester oisif et le temps passait lentement ; les journées lui semblaient très longues.

Un jour qu'il était assis à la fenêtre, il vit passer à toute allure un attelage, tiré par des chevaux blancs comme neige. Dans le carrosse était assis un prince, devant et derrière se tenaient des laquais en livrée bleue et blanche. L'un d'entre eux tenait une ombrelle dorée au-dessus du prince. Cette vision rendit le tailleur de pierre malheureux. « Ah, si seulement Hofus était un prince », soupira-t-il.

Et de nouveau, la même voix qu'il avait entendue sur la montagne répondit : « Sois donc un prince ! » Et aussitôt, Hofus devint un prince. Il avait des serviteurs vêtus de pourpre et d'or, il se déplaçait en carrosse, une ombrelle dorée au-dessus de la tête. Pendant quelque temps, il fut heureux, mais un jour, tandis qu'il se promenait dans le jardin, il vit que les fleurs piquaient du nez et que l'herbe était sèche et brune. Il sortit en voiture et sentit que le soleil le brûlait malgré l'ombrelle. « Le soleil est plus puissant que moi, » songea-t-il, et ensuite il soupira « Ah, si seulement Hofus était le soleil ! » Et la voix répondit : « Sois donc le soleil ! »

Aussitôt, il devint le grand soleil. Il brûla l'herbe et les rizières. Il assécha les fleuves. Riches et pauvres souffrirent également de la terrible canicule. Un nuage arriva un jour, se reposa devant lui et lui cacha la terre. Il se mit très en colère et s'écria : « Ah, si seulement Hofus était un nuage ! » Et la voix répondit : « Sois donc un nuage ! » Il fut aussitôt transformé en nuage. Il flotta devant le soleil et lui cacha la terre.

Puis, jour après jour, le nuage fit pleuvoir. Les rivières débordèrent et les rizières furent recouvertes d'eau. Des villes entières furent emportées. Seuls les grands rochers sur la montagne ne furent pas affectés par les inondations ; le nuage les regarda avec émerveillement et soupira : « Ah, si seulement Hofus était un rocher ! » Et la voix répondit : « Qu'il en soit ainsi ! » Il devint aussitôt un rocher. Il se dressait fièrement. Le soleil ne pouvait pas le brûler, et la pluie ne l'affectait pas. « Maintenant, enfin, personne n'est plus puissant que moi, » dit-il.

Mais il fut un jour réveillé de ses rêves par un bruit : « Toc ! toc ! toc ! » à ses pieds. Il regarda : un tailleur de pierre insérait son outil dans le rocher. Un autre coup et le grand rocher fut ébranlé ; un morceau en tomba. « Cet homme est plus puissant que moi ! », s'écria Hofus, et il soupira, « Ah, si seulement Hofus pouvait être cet homme ! » Et la voix lui répondit : « Sois toi-même ! » Et aussitôt, Hofus fut de nouveau lui-même, un pauvre tailleur de pierre, travaillant tout le jour dans la montagne et rentrant le soir dans sa petite hutte. Mais il était maintenant satisfait et heureux. Jamais plus il ne désira être autre chose qu'Hofus, le tailleur de pierre.

Un homme s'allonge sur son lit et rêve qu'il voyage dans tout l'univers. Il finit par se réveiller et se retrouver dans son lit. Tel est le rêve de maya, dans lequel nous sommes tous plongés !

CHAPITRE DIX-SEPT

Réveillez-vous, réveillez-vous !

« Mes enfants, purifiez votre mental et comprenez ensuite l'essence du dharma. Si vous perpétuez le désir mauvais pour des choses toujours nouvelles, cela conduira à la déception. »

—Amma

Dévot : « Pourquoi les gens commettent-ils des erreurs ? »
Amma : « Nous sommes pris dans l'illusion que nous obtiendrons le bonheur grâce aux objets du monde. Alors, pris de folie, nous courons partout à sa recherche. Les désirs insatisfaits engendrent la frustration et la colère. Nous faisons ce qui nous plaît, sans discerner entre ce qui est nécessaire et ce qui ne l'est pas. Peut-on appeler cela une vie ? A qui la faute ? »

Dévot : « On dit que sans la présence et la volonté de Dieu, même un brin d'herbe ne peut s'incliner sous la brise. Peut-on alors blâmer les êtres humains pour leurs erreurs si c'est Dieu qui les fait agir ? »

Amma : « Pour celui qui a la conviction : « Celui qui agit réellement, ce n'est pas moi, c'est Dieu » il est impossible de commettre une erreur. Il voit que Dieu imprègne tout. Un tel dévot ne peut même pas songer à faire une faute. Autrement dit, seul celui qui a transcendé les erreurs a foi : « Dieu seul agit, même un brin d'herbe ne se courbe pas sans Lui. »

Il n'y a pas de faute, pas de péché pour celui qui a la conviction que Dieu seul agit, tandis que celui qui a le sentiment « C'est moi qui agit » doit accepter le fruit de ses erreurs. Une fois que l'on a commis un meurtre, il n'est pas juste de dire que c'est Dieu qui agit. Celui qui pense « Dieu seul agit », pourrait-il commettre un meurtre ? »

Le Brahmane qui avait tué une vache

Il était une fois un vieux brahmane qui possédait un magnifique jardin. Il le chérissait et lui consacrait beaucoup de temps. Un jour, quand le brahmane sortit voir comment se portaient ses plants de manguiers, il découvrit avec désespoir qu'une vache errante était entrée dans le jardin et était en train de manger les arbustes qu'il avait plantés avec tant de soin.

Dans un accès de rage, il frappa la vache de son bâton. Celle-ci, maigre et vieille, ne supporta pas les coups et tomba raide morte.

« O Seigneur ! Qu'ai-je fait ? J'ai tué une vache ! », se lamenta le brahmane. La nouvelle parvint aux oreilles des villageois et ils vinrent jusqu'à sa maison. « Tu as commis le plus grand des péchés en tuant une vache, le réprimanda l'un d'eux, tu as fait passer ton jardin avant la vie d'une vache ». Un autre ajouta : « La vache est notre mère, et tu l'as tuée ! » « Quelles sont donc ces mains, capables de tuer une vache, interrogea le chef du village, il te faudra subir les conséquences de tes actes. Nous partons maintenant, mais nous allons revenir ».

« Ils vont me chasser du village. Que faire ? », songea le brahmane. Il eut soudain une idée. « Le dieu Indra préside aux mains, c'est donc Indra, et non moi, qu'il faut blâmer pour le meurtre de la vache. Voilà ce que je vais dire aux villageois ! »

Les villageois ne savaient que penser de l'argument du brahmane. Certes, Indra est la déité qui régit les mains. Cela signifiait-il qu'il ne fallait pas rendre le brahmane responsable du meurtre de la vache ? La question fut débattue dans tous les sens.

Finalement, Indra lui-même entendit parler de la thèse du brahmane. Ennuyé par sa logique, il décida de lui rendre visite. Indra prit la forme d'un vieil homme et entra en flânant dans le jardin.

« Monsieur, je suis étranger à cette ville, dit Indra au brahmane, je passais par ici et j'ai remarqué ce magnifique jardin. L'avez-vous créé tout seul ? »

Le brahmane, très flatté, répondit : « Mais oui, de mes propres mains. Je me suis occupé de ce jardin comme s'il était mon enfant. »

« Je le vois bien ! dit Indra, et ce joli chemin, l'avez-vous aussi tracé ? »

« Mais certainement ! dit le brahmane avec beaucoup de fierté, je l'ai créé après mûre réflexion. »

« Et cet arbre splendide, reprit Indra, l'avez-vous aussi planté vous-même ? »

« Bien sûr ! déclara le brahmane tout est mon œuvre, de la plantation aux fruits ! »

« Magnifique ! Et la fontaine ? », demanda Indra.

« Tout ce que vous voyez ici, je l'ai créé de mes propres mains s'enorgueillit le brahmane.

Indra se révéla alors au brahmane et lui dit : « O brahmane, si tu prends à ton crédit la création de ce jardin, ne devrais-tu pas aussi accepter la responsabilité d'avoir tué la vache ? Pourquoi donc en rejeter la faute sur moi, scélérat ? »

D'un certain point de vue, tout est Sa volonté. D'un autre point de vue, nous avons nos devoirs. L'entreprise fonctionne sur la base de principes établis par le président ou le propriétaire, mais l'employé a lui aussi ses responsabilités. On ne peut pas rendre le directeur responsable des mauvais tours ou des erreurs des employés, puisqu'il a déjà établi les règles.

Le Seigneur crée l'univers avec ses lois, le *dharma* et l'*adharma*. Nous récoltons les fruits de nos actes. Il est Celui qui donne les fruits des actes, *karma phala data*. En ce sens, tout est Sa volonté, mais cela ne nous enlève pas notre responsabilité.

> « Si nous sommes l'auteur de l'action, nous devons en récolter les fruits. Mais quand nous nous interrogeons : « Qui suis-je, moi, l'auteur de l'action ? » et réalisons le Soi, le sentiment d'être celui qui agit s'évanouit et les trois sortes de karmas disparaissent. Cette libération est éternelle. »
> —Ramana Maharshi, La Réalité en quarante strophes, v.38

Une fois que nous avons acquis la pureté du mental grâce aux pratiques spirituelles, nous voyons plus clairement quelle est l'action juste. Nous ferons peut-être encore quelques erreurs, personne n'est parfait, mais notre intuition, affinée, nous guidera sur la voie du dharma en pensées, en paroles et en actions. En général, nous ne pouvons pas faire confiance à nos sentiments et devrions suivre les injonctions des Ecritures, la tradition ou la voie montrée par les anciens. C'est le moyen reconnu d'apprendre le dharma. Finalement, quand nous pratiquons cela pendant longtemps, la pureté s'éveille ; alors nos actions deviennent plus spontanément conformes au dharma.

La folie de la consommation

Plus qu'à toute autre époque du passé, la consommation a envahi le monde entier, y compris les endroits soi-disant isolés. Les gens sont devenus fous de désir pour les choses matérielles, bien au-delà des besoins de leur vie quotidienne. Malheureusement, cela ne s'arrête pas là. Les nouveaux modèles de tous genres nous inondent. J'ai entendu parler d'un homme qui achète chaque nouvel ordinateur portable qui sort sur le marché. Je me demande ce qu'il fait des « anciens » ; il semble que l'humanité soit contrainte sous hypnose de se rendre dans des « centres d'épanouissement » où, bien entendu, on ne trouve jamais l'épanouissement recherché.

Comment les possessions matérielles pourraient-elles nous combler ? Si nous courons sans cesse après des objets, sans discerner entre ce qui est réellement nécessaire et ce qui ne l'est pas, nous finirons par être très déçus. Amma nous met en garde : le désir pour des choses toujours nouvelles conduit forcément à la déception et c'est une habitude qu'il ne faut pas encourager, ni chez soi ni chez les autres. Dans tous les domaines, qu'il s'agisse de la profession ou des distractions, des nouveautés ne cessent d'apparaître. Nous sommes de plus en plus épris de la nouveauté. Où cela va-t-il nous conduire ? En définitive, espérons-le, vers Dieu, Lui qui est éternellement neuf. Néanmoins, cela ne viendra pas d'un sentiment d'épanouissement, mais plutôt de la désillusion et de la déception. C'est alors seulement que nous chercherons à l'intérieur le bonheur de notre Soi.

La cachette du nectar

Après le barattage de l'océan cosmique, les dieux, ayant réussi à s'emparer du nectar de l'immortalité, décidèrent de le cacher pour que les êtres humains ne puissent pas le trouver. Ils réfléchirent profondément à la question car ils voulaient une cachette sûre, à toute épreuve. Certains suggérèrent à Indra, leur roi, de le cacher sur les plus hautes cimes de l'Himalaya mais il répondit : « Non, car de nombreux humains y monteront un jour. »

Un autre suggéra : « Cachons-le au plus profond de l'océan car là, aucun humain ne pourra venir le récupérer. » Indra répliqua : « Non, un jour les humains réussiront à se déplacer sous la surface de l'océan à l'intérieur d'un véhicule. »

Un autre dieu encore proposa de le cacher sur la Lune en disant : « Aucun humain ne parviendra jamais là-haut. » Mais Indra n'était pas d'accord, il voyait l'avenir et répliqua : « Non, les humains iront un jour sur la Lune, et ils le trouveront certainement. »

Incapables de trouver une solution, ils allèrent trouver Brahma, le créateur. Ils le saluèrent, lui expliquèrent leur problème et lui demandèrent son avis.

Brahma réfléchit un moment et finit par dire : « J'ai trouvé un lieu où les êtres humains ne regarderont jamais. Cachez le nectar dans le cœur humain car personne ne l'y cherchera jamais. »

Brahma avait absolument raison. Ce nectar a beau être si près des êtres humains, il est aussi très éloigné car personne ne se donne jamais la peine de le chercher à l'intérieur. Cela ne veut pas dire que la vie ordinaire, (le « siècle »), soit dénuée de valeur. Mais malgré toutes les vies passées à courir après les objets et les plaisirs du monde, on ne trouve ni la paix ni le contentement. Pourquoi s'imagine-t-on encore pouvoir atteindre la satisfaction dans la vie du monde ? Quelqu'un a-t-il jamais réussi à la trouver ainsi ? Mais finalement, même si l'âme consacre de nombreuses vies à rechercher les plaisirs des sens et à en jouir, elle s'en détournera un jour et commencera le grand voyage vers l'éveil, le réveil du long rêve de la vie et de la mort. C'est inévitable.

« Le renoncement est la vraie puissance. Saisissez le sens
du mot renoncement, car c'est seulement en lui que l'on
trouve le repos parfait. »

—Amma

Il est très rare de rencontrer quelqu'un qui ait parfaitement assimilé cette vérité et consacre tout son temps à la quête de la Vérité du Soi, de cette expérience. Amma dirait qu'une telle personne a accompli beaucoup d'actions méritoires, acquis des mérites (*punyam*) dans ses vies antérieures et que donc, dans cette vie, une grande force l'attire vers Dieu. Rien d'autre n'a de sens, rien d'autre n'a de charme pour elle. Elle se réveille du sommeil profond, profond de la maya du Seigneur ; elle brûle du désir d'échapper à l'océan du samsara.

La grandeur des sages réalisés a été célébrée dans de nombreux ouvrages qui nous rappellent la chance extrêmement rare que nous avons d'être en compagnie d'Amma. Quand nous lisons et relisons leurs paroles, nous nous souvenons de la Réalité qui se cache derrière la forme d'Amma.

« En compagnie des sages, l'attachement disparaît et
avec lui, l'illusion. Libéré de l'illusion, on atteint de son
vivant la stabilité, et donc la libération. Recherche donc
la compagnie des sages. »

—Sankaracharya, Bhajagovindam

« Ce n'est pas en écoutant des prédicateurs, ni en
étudiant des livres, ni en accomplissant des actions

méritoires que l'on atteint cet état suprême, mais uniquement grâce à la compagnie des sages et à une quête déterminée du Soi. »

—Yoga Vasishta

« Celui qui a appris à aimer la compagnie des sages, à quoi lui servent les règles de la discipline? Quand une brise agréable et fraîche souffle du sud, à quoi bon un éventail ? »

—Yoga Vasishta

« Les rivières sacrées ne sont que de l'eau et les idoles sont de pierre ou d'argile ; elles n'ont pas la puissance des sages. Il faut de nombreux jours pour qu'elles nous rendent pur, tandis qu'un seul regard du sage nous purifie sur-le-champ. »

—Srimad Bhagavatam

Amma est venue en ce monde car nous avons aujourd'hui un besoin urgent d'un être divin, qui personnifie le sacrifice de soi et l'amour inconditionnel.

Pour reprendre les paroles du célèbre acteur Charlie Chaplin qui, soit dit en passant, était aussi un grand philanthrope :

« Nous avons développé la vitesse, mais nous nous y sommes enfermés. Les machines nous procurent une abondance qui nous laisse dans le besoin. L'avion et la radio nous ont rapprochés. La nature même de ces inventions appelle en l'homme la bonté, la fraternité universelle, l'unité de tous. Mais notre connaissance nous a rendus cyniques, notre intelligence durs et sans bonté. Nous avons besoin de douceur et de bonté. Sans ces qualités, la vie sera violente et nous perdrons tout. »

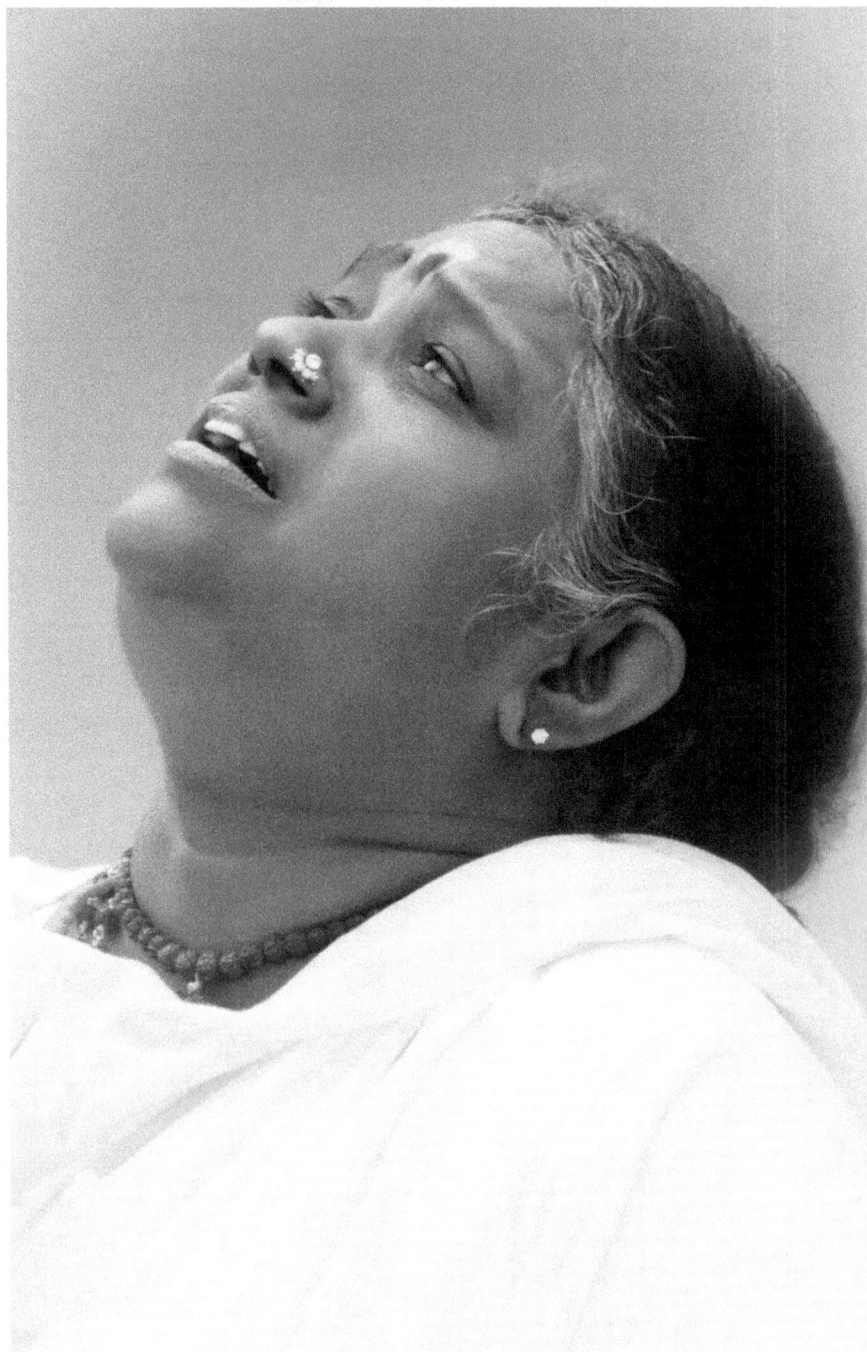

CHAPITRE DIX-HUIT

L'abandon de soi et le détachement

Beaucoup d'entre nous connaissent l'histoire de la femme qui supplia le Seigneur Bouddha de redonner la vie à son enfant. Il lui répondit que si elle lui apportait une graine de moutarde venant d'une maison où aucun membre de la famille n'était jamais mort, il accomplirait ce miracle.

Elle alla de porte en porte dans tout le village, sans pouvoir obtenir cette graine de moutarde. Elle comprit alors la nature de la vie et cette grande vérité : tout est transitoire, tout se termine par la séparation et la mort. Seule l'âme existe après la mort. Nous avons beau entendre maintes fois ces vérités, sous l'influence de maya, nous les ignorons toujours presque aussitôt après.

Voici une anecdote tirée du Mahabharata, où le grand roi Yudhisthira dut répondre aux nombreuses questions d'un yaksha, un esprit de la nature, qui mettait ainsi sa sagesse à l'épreuve. Le yaksha demanda : « Quel est le miracle le plus étonnant ? » Le roi dans sa sagesse répondit : « Chaque jour, d'innombrables personnes meurent, et pourtant les vivants désirent vivre éternellement. O Seigneur, qu'est-ce qui pourrait être plus étonnant ? »

Quelle puissance étrange, cette maya. De vie en vie, elle nous plonge dans un oubli permanent. Sous son influence, nous sombrons de plus en plus profondément dans l'océan de l'illusion universelle, et nous sommes incapables de comprendre si peu que ce soit les vérités de la spiritualité. Ce qui est pire, nous n'éprouvons pas le moindre désir de nous réveiller de cette longue nuit de profond sommeil pour découvrir la lumière de la conscience divine.

Amma nous montre comment nous extirper du filet des attachements à cet état. Elle m'a dit un jour que la plupart des gens étaient incapables de comprendre cette simple vérité : chacun s'aime d'abord lui-même. En définitive, nous sommes tous égoïstes. Au nom de l'amour, nous nous laissons duper et nous croyons que nous sommes chers aux autres et qu'ils nous sont chers. C'est seulement quand nous voyons l'égoïsme des autres se manifester clairement que nous recevons une secousse qui nous réveille de cette illusion. Amma ne nous décourage pas d'aimer, mais elle recommande d'aimer sans attachement, sans attente et sans être dépendant, exactement comme elle le fait.

Amma : « Nos attachements, que nous appelons amour, nous tirent toujours vers le bas. »

Dévot : « Que veux-tu dire, Amma ? Cela signifie-t-il que mon amour pour ma femme et pour mes enfants n'est pas de l'amour vrai ? L'attachement est un aspect de l'amour, n'est-ce pas ? »

Amma : « Fils, seul un être parfaitement détaché est capable d'aimer les autres sans aucune attente. L'attachement n'est pas un aspect de l'amour vrai. Dans l'amour réel, non seulement les corps, mais aussi les âmes s'unissent par sympathie. La conscience de la nature changeante et périssable du corps et de la nature éternelle du Soi est toujours présente. L'attachement lie et détruit la personne qui est attachée aussi bien que celle à qui elle est attachée.

Dans le Mahabharata, Dhritarasthra, le roi aveugle, était excessivement attaché à son fils aîné, Duryodhana. Il fut donc incapable de le discipliner, de lui enseigner à penser et à agir correctement. Il en résulta l'anéantissement total du roi, de ses fils et du royaume. A l'opposé, Sri Krishna était parfaitement détaché et pouvait donc à la fois aimer les Pandavas et les discipliner. L'histoire de Dhritarasthra et de son fils Duryodhana montre que l'égoïsme et l'attachement d'une personne peuvent entraîner la destruction de toute une société. »

Amma raconte une histoire qui montre bien les limites de l'amour entre un mari et une femme.

Une femme accompagne son mari chez le médecin. Après les examens, le docteur appelle la femme seule dans son bureau.

Il lui dit : « Votre mari souffre d'une maladie très grave, associée à un stress terrible. Si vous ne vous conformez pas à mes instructions, il mourra sûrement bientôt. Chaque matin, préparez-lui un petit déjeuner sain. Soyez agréable avec lui et mettez-le de bonne humeur. Pour le déjeuner, faites-lui un repas nourrissant et pour le dîner, des petits plats délicieux.

Ne le chargez pas de tâches ménagères, car il a sans doute des journées difficiles. Ne lui confiez pas vos problèmes, cela ne ferait qu'augmenter son stress. Et le plus important : satisfaites ses moindres désirs et caprices, laissez-le se décharger de ses problèmes en vous parlant ; il ne lui faut aucun stress. Soyez aimante et affectueuse. Si vous y parvenez pendant les dix prochains mois, vote mari guérira complètement. »

Sur le chemin du retour, le mari demande à sa femme: « Qu'a dit le médecin? »

« Tu vas mourir bientôt ! »

Nous venons presque tous voir Amma poussés par des désirs égoïstes. Elle le sait et répand néanmoins un amour égal sur tous, sans rien attendre de qui que ce soit. Tel est le signe distinctif de celui qui vit dans la Conscience divine, avec la vision que tout est Un.

> « Celui-là excelle qui voit d'un même œil les personnes bienveillantes, les amis, les ennemis, les gens indifférents ou impartiaux, les individus malveillants, les proches parents, les justes et les pécheurs. »
>
> —Bhagavad Gita, Ch.6, v.9

Quand on cueille un fruit de l'arbre avant qu'il soit mûr, il pleure. Un liquide blanc laiteux coule de sa tige. Mais quand le fruit est mûr et tombe naturellement, il n'y a pas de pleurs. Il se détache de lui-même. La nature du mental, la nature de notre vie en ce monde transitoire est telle que nous développons de nombreux attachements et pleurons donc au moment de la séparation – de notre départ ou de celui des autres. Cela laisse des blessures dans notre subconscient.

Si la blessure est profonde, il faut désinfecter l'intérieur après l'avoir bien nettoyé. Il ne suffit pas de nettoyer la surface et de mettre un pansement car nous risquerions des infections répétées. Ainsi, quand la colère et la souffrance nous poussent à nous détacher de quelqu'un qui nous blesse, cela ne marche pas. Une fois notre colère apaisée, l'attachement peut renaître, même si la blessure intérieure demeure.

Dans tous les cas, il est probable que nous nous attacherons bien vite à quelqu'un ou à quelque chose d'autre. Nous ne pouvons pas être heureux sans être attaché à quelque chose, que ce soit une personne, un animal familier, nos biens ou notre position sociale. La nature changeante et égoïste des objets du monde nous fait souffrir. Mieux vaut donc s'attacher à ce qui ne change pas, ne nous blesse pas, n'attend rien de nous, et désire le meilleur pour nous. Dieu seul correspond à cette description. Dans ce monde périssable où chacun recherche son propre bonheur à travers l'amour, où tout le monde est égoïste, seule l'union mystique avec Dieu, le Soi universel, comble notre désir d'amour vrai.

Cela est plus facile à dire qu'à faire. Dieu est invisible. Nous ne savons même pas si un tel Être existe vraiment, et si tel est le cas, nous entend-Il ? N'est-ce pas là une question de foi ? Et comment avoir foi en un Être invisible, incompréhensible ? Chacun imagine Dieu à sa façon. Selon Amma, quelle que soit notre conception,

« La puissance universelle existe à l'intérieur de vous. On ne peut atteindre cette Vérité suprême que grâce à la foi et à la méditation. Vous avez confiance dans les paroles des scientifiques qui parlent de faits inconnus de vous ; ayez de même confiance en les paroles des grands maîtres qui parlent de la Vérité ; ils sont établis en Cela. Les Ecritures et les grands maîtres nous rappellent que le Soi, Dieu, est notre nature réelle. Dieu n'est pas loin de nous, mais pour assimiler cette vérité, il faut avoir la foi. Dieu n'est pas un individu limité, assis seul sur les nuages, sur un trône doré. Dieu est la pure Conscience qui demeure en tout. Comprenons cette vérité, apprenons à accepter et à aimer tous les êtres de manière égale. »

Si nous divinisons le flot de nos pensées, si nous l'élevons du plan inférieur, matériel, pour le fixer sur Dieu, sur le guru, nos problèmes et nos souffrances ordinaires nous semblent triviales. Notre mental devient vaste comme le ciel et peu à peu, nous percevons réellement la présence du Divin à l'intérieur de nous. Ce qui au départ n'était que foi devient une expérience. Les vieilles blessures de l'ego s'estompent. Nous apprenons à accepter les circonstances douloureuses inévitables comme la bénédiction ou le cadeau de notre guru. Dans sa sagesse infinie, elle sait ce qui est le mieux pour nous. Tous nos attachements au monde se dissolvent dans l'attachement à Dieu, qui embrasse tout.

Dévot : « Certains dévots déclarent que malgré leur dévotion, ils souffrent encore. »

« Nous demandons à Dieu avec insistance de satisfaire nos nombreux désirs. Le mental est rempli de désirs et non de la forme de Dieu. Cela signifie que nous prenons Dieu pour notre employé. Il ne devrait pas en être ainsi. Certes, Dieu est le serviteur de Ses dévots, mais il n'est pas correct de notre part de Le concevoir ainsi. Dédiez-Lui tout, déposez tout à Ses Pieds. Cultivons l'attitude d'abandon de soi et Il nous protègera, c'est certain. Une fois que vous êtes monté dans le bateau ou le bus, vous ne portez plus votre bagage, n'est-ce pas ? Vous le posez. Ainsi, abandonnez tout à Dieu et Il vous protègera. Entretenez l'idée que Dieu est proche de vous. Si nous savons que le lieu de repos est proche, cette seule pensée allège le poids que nous portons sur la tête. Si nous imaginons qu'il n'y a pas de lieu de repos, la charge semble plus lourde. De même, quand nous pensons que Dieu est proche, tous nos fardeaux diminuent. »

Il est parfois difficile de se souvenir que Dieu est la Réalité qui sous-tend l'apparence du monde. Il est non seulement l'Immuable, mais encore la Puissance toujours active qui fait que toute chose arrive. La création est Son jeu, Sa lila. Il nous arrive de l'oublier et, dans notre vanité, de nous gonfler du sentiment d'être celui qui agit.

A la fin de la guerre du Mahabharata, le Seigneur Krishna et Arjuna étaient encore dans le char. Selon la tradition, le conducteur était censé descendre le premier et, dans un geste de respect, donner la main au guerrier pour l'aider à descendre. Le Seigneur Krishna était Dieu Lui-même mais il avait accepté le rôle du conducteur de char et aurait donc dû descendre le premier. Arjuna attendit, mais voyant que Sri Krishna ne bougeait pas, il finit par descendre tout seul, néanmoins un peu offusqué par le comportement du Seigneur.

Pour répondre à l'ignorance d'Arjuna, le Seigneur Krishna descendit du char et aussitôt, le dieu Hanuman, assis sur le drapeau, s'envola et le char s'embrasa, dévoré par les flammes. Arjuna eut un choc. Sri Bhagavan lui expliqua que, pendant toute la durée de la guerre, le dieu Hanuman avait protégé le char des armes puissantes lancées par l'ennemi. Jamais il ne serait parti tant que Sri Krishna était encore dans le char. Si le Seigneur était descendu avant Arjuna, Hanuman se serait envolé et Arjuna aurait brûlé avec le char. Si le char n'avait pas été détruit, c'était uniquement grâce à la présence du Seigneur. L'orgueil d'Arjuna, vainqueur de la guerre et désireux qu'on lui rende les honneurs dus à un grand guerrier, l'avait rendu aveugle à la réalité : rien de tout cela n'eût été possible sans la divine présence du Seigneur Krishna

Comme le dit le Seigneur dans la Bhagavad Gita :

« Je suis le Temps puissant qui dévore tout, manifesté ainsi pour anéantir les mondes. Que tu combattes ou non, ces guerriers prêts à la bataille doivent mourir. »

—Ch.11, v.32

Qui est Dieu ?

Il n'est peut-être pas possible de connaître ou de comprendre Dieu, mais selon les anciens textes et les enseignements d'Amma, nous pouvons nous unir à Lui par Sa grâce, cela ne fait aucun doute.

Alexandre le Grand demanda un jour à Diogène : « Tu es si savant, tu connais tant de choses. Peux-tu me parler de Dieu, de ce qu'est Dieu ? »

Diogène attendit un moment avant de dire : « Donne-moi une journée. »

Alexandre revint le lendemain mais Diogène à nouveau déclara : « Donne-moi deux jours. » et le même scénario se répéta, il demanda trois jours, puis quatre, cinq, six et enfin toute une semaine.

Agacé, Alexandre lui dit : « Qu'est-ce que cela signifie? Si tu ne connais pas la réponse, il fallait me le dire avant. Si tu la connais, alors pourquoi ce délai ? »

Diogène répondit : « Quand tu m'as demandé, je croyais savoir. Mais plus j'essaye d'attraper la réponse, plus elle m'échappe. Plus j'y réfléchis, moins je sais. En cet instant, je ne sais rien et tout ce que je peux te dire, c'est que ceux qui croient connaître Dieu ne Le connaissent pas. »

J'ai un jour entendu un dévot discuter avec un mahatma et affirmer que dans l'expérience non-duelle du samadhi, Dieu disparaît. Le mahatma répliqua : « Non, ce n'est pas ainsi. Il ne disparaît pas mais tu disparais et Lui seul demeure. »

Nous avons parfois l'occasion de mettre notre foi à l'épreuve. Pendant une des tournées d'Amma aux Etats-Unis, le groupe accompagnant Amma devait se retrouver à l'aéroport et prendre l'avion pour la ville suivante. Il se trouve que la personne qui déposa Swami Purnamritananda, deux autres dévots et moi-même s'est trompée d'aéroport. Nous n'avons compris ce qui s'était passé qu'en arrivant à la porte d'embarquement et en constatant qu'il n'y avait pas d'avion. Nous n'avions ni argent, ni même les billets d'avion. Le vol partait dix minutes plus tard. Nous avons tenté de prendre un taxi pour l'autre aéroport mais aucun chauffeur n'a accepté de nous prendre pour un trajet aussi court. Nous avons tous pensé : « Bien, Amma, si tu veux que nous voyagions avec toi, il faut que tu agisses, et vite ! »

Nous avons attendu sur le bord du trottoir, espérant contre tout espoir. Juste à cet instant, une voiture est arrivée ; c'était la même personne qui nous avait déposés et qui revenait de l'autre aéroport. Elle nous y a conduits au plus vite ; nous avons couru jusqu'à l'avion, et la porte s'est refermée juste derrière nous ! Nous avons poussé un soupir – Ammaaaaaaa !

La responsabilité

> « Amma vous frayera le chemin vers la Libération. Elle vous tiendra la main et vous conduira au but. Soyez sincères et remplissez vos responsabilités. Vous atteindrez ainsi la paix intérieure. »
>
> —Amma

Quand quelqu'un fait une promesse, cela éveille généralement nos soupçons. Les hommes politiques font des promesses pour arriver au pouvoir. L'amoureux fait des promesses à sa bien-aimée pour obtenir son plaisir. Les parents en font pour que les enfants accomplissent ce qu'ils n'acceptent pas facilement de faire et les enfants pour échapper à ce qu'ils sont supposés faire.

Tous ont leur plan, leur raisons égoïstes de faire des promesses, et ils n'ont parfois pas même le pouvoir de les tenir. La promesse d'Amma est différente. Elle déclare qu'elle nous frayera le chemin vers la Libération et qu'elle nous tiendra la main pour nous guider vers le but. Il est difficile d'imaginer la puissance, l'expérience intérieure qui lui donne l'assurance nécessaire pour faire une telle promesse. Si nous analysons plus profondément les paroles d'Amma, nous découvrirons que notre compréhension de ce qu'elle est n'est peut-être pas du tout ce que nous pensons.

Amma affirme qu'elle nous frayera le chemin, nous tiendra par la main et nous guidera vers le but de la Libération du cycle des naissances et des morts. Comment fera-t-elle tout cela ? Cela n'est assurément possible que si elle-même vit dans cet état.

Pour la majorité d'entre nous, Amma est une personne qui vit à Amritapuri, en Inde, et qui parcourt le monde chaque année. Comment pourrait-elle donc tenir sa promesse ? Physiquement, c'est impossible. Peut-elle le faire grâce à une sorte de télécommande ? Même si tel est le cas, comment pourrait-elle s'occuper de ses millions de dévots ? Et si des dévots ont besoin d'elle au même instant, que se passe-t-il ? Comment peut-elle entendre tout le monde en même temps et savoir à tout moment ce dont chacun a besoin ? Tout cela est complètement époustouflant !!!

Certaines télécommandes peuvent diriger plusieurs appareils à la fois, tout cela à partir d'une petite unité. Certes, à moins d'être un ingénieur aéronautique ou un programmateur, nous trouvons cela compliqué, difficile à faire. Beaucoup d'entre nous ne sont pas doués pour la technique ou la mécanique. Un jour à l'ashram, quelqu'un qui travaillait sur ordinateur m'a appelé : C'était urgent, l'imprimante ne fonctionnait plus. La personne avait eu beau tout faire correctement, la machine restait aussi inerte qu'un clou. Quand je suis arrivé, j'ai remarqué qu'elle n'était même pas allumée !

Si nous voulons comprendre les paroles d'Amma, abandonnons l'idée qu'elle n'est qu'un corps constitué de chair et d'os, doté d'un mental limité comme le nôtre. Si elle peut s'occuper de nous tous, il faut qu'elle soit ici et maintenant avec chacun de nous, bien qu'invisible à nos yeux de chair. Son expérience de son Soi doit être bien différente de la nôtre. A sa façon mystérieuse, elle peut éliminer tous les obstacles et nous aider à avancer.

La Bhagavad Gita déclare :

> « Je suis présent dans le monde entier sous Ma forme non-manifestée. Tous les êtres demeurent en Moi, mais Je ne demeure pas en eux.
>
> Mais en réalité ces êtres ne demeurent pas en Moi ; vois Mon yoga divin ! Je les crée et les maintiens en vie, mais Je ne demeure pas en eux.
>
> Comme le vent puissant qui souffle partout mais réside toujours dans l'éther, comprends que tous les êtres sont en Moi. »
>
> —Ch.9, v.4-6.

Et encore,

> « Grâce à cette dévotion, il Me connaît réellement, il sait Ce que Je suis et Qui Je suis, et se fond aussitôt en Mon Être.

Tout en remplissant ses devoirs, il prend refuge en Moi et accède ainsi par Ma grâce à Ma demeure, l'État éternel et impérissable.

Consacre-Moi toutes tes actions, considère-Moi comme le But suprême, et fixe constamment ton mental sur Moi en ayant recours au yoga du discernement (*buddhi yoga*).

En M'offrant ton mental, par Ma grâce, tu surmonteras tous les obstacles ; mais si tu ne M'écoutes pas à cause de ton ego, tu périras.

Ecoute encore une fois Ma parole suprême, le secret ultime ; Tu M'es très cher, Je vais donc parler pour ton bien.

Offre-Moi tes pensées, sois Mon dévot, adore-Moi, rends-Moi hommage et ainsi, Tu viendras à Moi sans nul doute. Je te le promets, car tu M'es très cher. »

—Ch.18, v.55-58, 64-65

Et finalement,

« Et celui qui quitte le corps en méditant sur Moi seul se fond en Moi, cela ne fait aucun doute.

O Fils de Kunti, ce à quoi l'on pense (*bhavam*) en quittant le corps, c'est cela que l'on devient, absorbé dans cette pensée.

Donc, Ô Arjuna, médite constamment sur Moi et combats ! Le mental et l'intellect fixés sur Moi, tu M'atteindras sans nul doute. »

—Ch.8, v.5-7

Cela ne signifie pas qu'une fois que nous avons pris refuge en Amma, nous n'allons plus souffrir ; mais comme un parent tient fermement la main d'un enfant qui apprend à marcher et ne le laisse pas tomber et se faire mal, Amma nous tient de ses mains omniprésentes si nous suivons ses instructions. C'est pourquoi il faut étudier ses enseignements pour savoir ce qu'elle prescrit de manière générale et ce qui s'applique plus personnellement à nous. C'est la clause imprimée en petits caractères au bas du contrat !

CHAPITRE DIX-NEUF

La sincérité et la responsabilité

Pourquoi les sages accordent-ils autant d'importance à la vérité ? La vérité relative est un reflet dans la nature de la Vérité absolue transcendante, Brahman. Nous mentons pour protéger notre ego, pour obtenir quelque chose. L'ego est l'antithèse de la Vérité suprême. Il nous voile la Vérité et nous donne le sentiment d'être des êtres séparés. L'ego est un gros mensonge. En respectant la vérité, nous atténuons une partie de l'ego et progressons spirituellement. Il ne peut pas y avoir d'exception à cette règle dans nos contacts avec Amma. Il ne faut pas même lui faire de pieux mensonge. Mentir est naturel aux êtres humains qui le font tout le temps, essayant de paraître bons, de cacher leurs erreurs. Tout cela est l'œuvre de l'ego. Nous n'hésiterons peut-être pas à mentir même devant la Vérité incarnée sous la forme d'Amma. Il est impossible de la tromper. Nous ne pouvons même pas exagérer devant elle ; elle connaît toujours la vérité d'une personne ou d'une situation.

Au lieu d'avoir le beau rôle, si nous exagérons ou mentons devant elle, nous finissons par avoir le mauvais. Une telle attitude trahit notre manque de confiance et tue l'innocence et la dévotion. Elle indique que nous avons plus de dévotion envers notre ego qu'envers Dieu, et notre innocence cède le pas à la malhonnêteté. Soyons extrêmement attentifs à ne pas agir avec Amma comme nous agissons « dans le monde ».

Certains avocats auront peut-être des doutes et se demanderont comment continuer dans leur profession après avoir lu ceci. Un avocat demanda un jour à Amma :

Avocat : « Quel est notre destin, Amma ? Nous sommes constamment impliqués dans des procès, des querelles, des mensonges, etc. »

Amma : « Ce n'est pas un problème, fils : c'est le *dharma* (devoir) de l'avocat de défendre son client dans un procès. Ce n'est pas une erreur. Un avocat fait son devoir quand il plaide pour un coupable. Néanmoins, dans la mesure du possible, n'accepte que des cas justes. Le péché ne va pas à l'avocat si le criminel est sauvé par la plaidoirie. Le coupable n'est sauvé que de la justice humaine ; il ne peut pas échapper à celle de Dieu. Chacun doit récolter le fruit de ses actes.

Comme n'importe qui d'autre, un avocat peut aussi venir à la spiritualité et abandonner la vie dans le monde quand s'éveille en lui *vairagya* (le détachement). D'ici là, il faut accomplir son propre dharma (*svadharma*). Jadis, seule la vérité régnait. Toutes les familles menaient une vie honnête. Un serviteur n'abandonnait pas la vérité, même si on lui offrait des millions. Si vous êtes fidèle à la vérité, tout le reste viendra à vous. Sans la vérité, rien de bon ne peut exister. La vérité est tout. La vérité est Dieu. »

L'autre qualité qu'Amma nous demande de développer, c'est le sens des responsabilités. Elle parle d'expérience. Elle a toujours agi de manière responsable. Bien qu'elle vive sur un plan sublime qui transcende la conscience du corps et qu'elle ne soit attachée à personne, elle fait toujours ce qu'elle estime être son devoir.

Avant la fondation de l'ashram, Amma s'occupait de sa famille et des autres parents, même si cela impliquait pour elle de grandes épreuves. Quand son père était malade et hospitalisé, elle donnait déjà darshan en Krishna bhava, assumait toutes les tâches domestiques, cuisinait en plus pour lui et lui apportait la nourriture jusqu'à l'hôpital, à trente-cinq kilomètres. Pour aller prendre le bus au village, elle croisait beaucoup de gens qui l'insultaient, lui hurlaient dessus et même lui lançaient des pierres en appelant « Hé Krishna ! Hé Krishna ! », par dérision. Cela ne l'a jamais empêchée de faire son devoir.

Toute sa vie, Amma a constamment rempli son devoir envers l'humanité, avec beaucoup de compassion, sans se soucier des souffrances qu'elle devait endurer. Elle a toujours conscience de son devoir, qu'il soit d'ordre laïque ou spirituel. Nous voyons en elle les enseignements du karma yoga pleinement manifestés. Faites votre devoir et abandonnez les fruits à Dieu…. Et soyez prêt à mourir en le faisant.

Amma a le sentiment que sa vie est faite pour réconforter les âmes individuelles (*jivas*) et les mettre sur la voie de la libération du cycle des naissances et des morts. Elle prend son devoir tellement au sérieux qu'elle continue à faire subir à son corps des fatigues et des souffrances inimaginables, aujourd'hui plus que jamais. Comme nous le savons tous, il n'est pas rare qu'elle reste assise dix-huit heures d'affilée, voire plus, réconfortant tous ceux qui sont venus pour être consolés.

Amma nous dit de faire régulièrement notre sadhana, mais elle nous demande aussi de diviniser notre vie quotidienne. Si nous ne le faisons pas, nous ne trouverons peut-être pas la paix intérieure. La paix que nous obtenons pendant la sadhana doit se prolonger dans notre vie quotidienne. Après tout, c'est la vie quotidienne qui nous distrait. Il faut trouver le moyen de penser à Dieu à tout moment.

Voir Dieu dans son petit fils

Une vieille dame va voir un mahatma avec son petit-fils et lui demande si elle peut renoncer à sa famille et aller vivre à Brindavan, le lieu où le Seigneur Krishna vécut pendant son enfance, pour y faire des pratiques spirituelles (*sadhana*). Est-il sage de sa part de rompre tous les liens de famille ?

Le sage répond : « Ecoutez attentivement. Qu'est-ce qui vous regarde à travers les yeux de votre petit-fils ? Quelle force, quelle énergie se répand à travers tous les pores de son corps ? »

« Ce doit être Dieu, bien sûr, » dit la femme.

« Si vous allez à Brindavan, il vous faudra vénérer une déité jour et nuit, l'image de Sri Krishna. Le corps de cet enfant n'est-il pas tout aussi bien une image de Krishna que l'image de pierre à Brindavan ? », demande le swami.

La femme reste un instant stupéfaite, puis elle songe que le saint doit avoir raison. Pourquoi aller à Brindavan si elle peut tout aussi bien vénérer Dieu dans le corps de son petit-fils ? N'est-ce pas Dieu qui regarde par ses yeux, parle par sa bouche et fait fonctionner tout son corps ?

Cela semblait assez facile, mais la difficulté apparut ensuite. Le saint lui dit : « Vous ne devez plus considérer votre petit-fils comme tel. Vous n'avez plus aucun lien avec lui. Il faut le considérer comme le Seigneur et briser tout sentiment familial, tous les liens de ce monde avec lui. Le seul lien doit être entre vous et

Dieu dans cet enfant. Donnez tout l'amour de votre cœur à Dieu sous cette forme. C'est cela, le véritable renoncement. »

Amma ne nous demande pas d'abandonner le monde. Elle nous demande d'abandonner nos attachements et nos liens avec lui. L'ami, l'épouse, le mari ne devraient plus être perçus comme tels. Il s'agit de voir Dieu seul en tous. Il faut également renoncer aux sentiments négatifs envers nos ennemis, envers les gens méchants, et voir le Divin en eux. Notre vision ordinaire doit être transformée pour devenir la vision de Dieu en tous. Amma incarne totalement cette vérité, elle est le meilleur exemple à suivre.

Amma dit :

> « Ayant atteint une forme humaine, élevons-nous vers le Divin. Abandonnons notre soi individuel à Dieu et devenons ainsi parfait. Rien n'est impossible à maya, mes enfants. Ne sombrez pas dans la calamité que l'on appelle maya. Ne soyez pas victimes de l'illusion pour ensuite vous lamenter. Libérez votre mental de ses griffes. »

C'est après de très nombreuses vies sous des formes inférieures que nous obtenons enfin un corps humain et que le Créateur nous donne une chance d'atteindre l'union avec Lui. En vérité, le but ultime, le vrai but de l'évolution, c'est de nous unir au Créateur de l'évolution. Amma et les Écritures nous disent que nous ne serons jamais vraiment heureux à moins de faire l'expérience de notre unité avec Lui. La création, si vaste et si magnifique, ne pourra jamais combler le puits sans fond de notre aspiration à un bonheur infini, toujours neuf et merveilleux.

Oru nimisham engilum (Un seul instant) est un chant populaire qu'Amma chante. En voici les paroles :

O Homme, toi qui cherches le bonheur en ce monde, connais-tu une seule seconde de paix ?

Ignorant de la Vérité, tu as couru après l'ombre de *maya* (l'illusion). Tu connaîtras le même sort que le papillon attiré par la flamme.

Tu as évolué peu à peu au cours de nombreuses incarnations (vers, reptiles, oiseaux et mammifères) pour devenir enfin un être humain. Quel est le but de la vie humaine, sinon de réaliser le Soi ?

Rejette l'orgueil et l'avidité, abandonne cette vie illusoire et consacre ta vie à chanter la gloire de Brahman. La réalisation de Dieu est ton droit de naissance ; ne gâche pas cette précieuse vie.

CHAPITRE VINGT

L'Être humain, la gloire
de la Création

Intuition et instinct

L es Ecritures de l'Inde nous disent que parmi tous les êtres vivants, l'être humain seul est doté de discernement, ce qui le rend supérieur à tous les autres. En entendant cette vérité, les animaux de la forêt eurent des doutes : était-ce vrai ? Le renard, si rusé, fut vexé d'entendre glorifier l'être humain et sa position élevée dans la création divine. Il se dit : « Suis-je moins intelligent que lui ? Ou est-il moins habile que moi quand il veut duper autrui ? Il est une créature vivante comme moi.

En fait, je suis plus sobre que lui. Je ne porte pas de vêtements précieux, je n'en change pas à chaque saison. J'endure avec patience la chaleur et le froid. Je ne demande pas de parapluie pour me protéger de la pluie ni de verres teintés pour empêcher le soleil de m'éblouir en été. Je ne réclame pas d'automobile ou de train pour me déplacer. Puisque nous autres animaux avons ces nobles qualités et bien d'autres encore, pourquoi l'être humain devrait-il être considéré comme supérieur ? Je vais faire en sorte que l'on mette un terme à cette injustice. »

Le renard parcourut la forêt, incitant les autres animaux à se joindre à lui. Il réussit à en rassembler beaucoup. Ils allèrent tous voir l'éléphant. Le sage éléphant déclara : « Mes frères, sans aucun doute il y a de la vérité dans ce que vous dites. Allons consulter un autre habitant de la forêt et lui demander son opinion. Il y a un sage qui vit là-bas, dans une hutte. Allons le voir et lui présenter notre cause. »

« Swami, vous me connaissez bien, aboya le chien, je suis le symbole de la gratitude. Si un homme me bat mille fois et me donne une fois un peu de nourriture, je lui en suis reconnaissant toute ma vie, je suis prêt à donner ma vie à son service. Mais l'être humain oublie mille services rendus et se rappelle le tort que son ami a pu lui faire une fois. Ignorant complètement l'aide reçue, il est prêt à tuer toute sa famille si par inadvertance on le blesse une seule fois. Comment pouvez-vous dire alors qu'il est supérieur aux bêtes ? »

Et voici le plaidoyer de la vache : « L'homme m'emmène dans les prés pour paître. Il me donne parfois un peu de paille ou la balle du grain. En retour, je lui donne du lait nourrissant. Il va parfois jusqu'à affamer mon bébé pour se nourrir, lui et ses enfants. Alors que je le nourris ainsi, lui et sa famille, il m'abrite dans un lieu nauséabond et malpropre dans l'arrière-cour de sa maison. Dès que mon lait tarit, je suis maltraitée et ignorée. Quand je vieillis, on me chasse ou on me vend au boucher. Tel est l'être humain que vous portez aux nues. S'il vous plaît, expliquez-moi pourquoi. »

Puis ce fut le tour du corbeau: « L'être humain a-t-il la qualité que je possède ? Si on me jette une miette de pain, je croasse et j'appelle mes frères et sœurs pour la partager avec eux. Mais il fait tout juste le contraire. Il a beau posséder tant et plus, il accumule, il va même jusqu'à ôter le pain de la bouche de son voisin. Comment l'être humain, égoïste et avide, peut-il être placé au-dessus de moi ? »

Le poisson murmura : « O sage ! Je ne dirais pas que l'être humain m'est inférieur, mais j'affirme qu'il est stupide ! Je ne lui fais aucun mal. En fait, je le sers en nettoyant les étangs, les citernes, les lacs et les rivières. Je mange la saleté qu'il jette dans l'eau. Mais au lieu de préserver un tel bienfaiteur, l'homme stupide m'attrape, me tue et me mange ! Considérez-vous ce sot comme supérieur à moi ? »

La mule renchérit de ses braiements : « Le poisson a raison. Voyez mon sort pitoyable. Je suis une bête de somme, connue pour sa divine qualité de patience. Je supporte patiemment l'insulte et l'injure. Sans mes services, les gens dans les montagnes périraient faute du nécessaire. Je porte leur nourriture et d'autres choses. Quelle est ma récompense ? Des coups, et plus de coups encore ! Cet homme m'est-il supérieur ? »

« Dites-lui tout, mes amis, parlez-lui de vos qualités et de vos prouesses surhumaines, » intervint le renard rusé.

« Monsieur, dit le daim, la peau même sur laquelle vous êtes assis et méditez sur Dieu appartient à notre espèce. A-t-on jamais vu la peau des humains servir à quelque chose ? Pour la beauté, les yeux des demoiselles sont souvent comparés aux miens. Mes jolis andouillers décorent les salles des humains.

« Et de même, dit le paon, mes plumes sont si jolies que le Seigneur Krishna les fichait dans Son turban. Je sers de véhicule au dieu Shanmukha et beaucoup de ses dévots utilisent mes plumes comme des baguettes magiques pour chasser les mauvais esprits. Personne n'a jamais entendu dire qu'on utilisait la peau ou les cheveux des humains de cette manière. »

« Toutes mes excrétions sont considérées comme sacrées et purificatrices, dit la vache, le *panchagavya* est un élément incontournable de tous les rites sacrés des humains. La seule mention des excréments humains leur donne envie de vomir et le moindre contact avec eux doit être suivi d'une toilette complète. »

« Aucun être humain peut-il se targuer d'avoir un odorat aussi extraordinaire que le mien ? » dit le chien.

« Aucun être humain peut-il se vanter d'avoir une vision aussi extraordinaire que la mienne ? » demanda le faucon.

« Aucun être humain peut-il voir de jour comme de nuit, avec la même facilité que moi ? » dit le chat.

« Je peux faire de grandes choses, j'ai un corps énorme. D'innombrables récits témoignent de mon intelligence. Mes défenses et mes os sont transformés en statues et en idoles magnifiques. Tout cela est vrai, mais daignez nous expliquer pourquoi l'être humain est considéré comme supérieur à nous. Je suis d'accord avec tous les arguments de mes frères, mais j'ai le sentiment qu'il doit bien y avoir une raison à cela, » dit l'éléphant.

Tous les animaux attendirent patiemment la réponse du sage, qui déclara : « Ecoutez, mes frères de la jungle ! Tout ce que vous avez dit est vrai. Mais Dieu a donné aux êtres humains l'œil du discernement, qui distingue entre le juste et l'injuste, la vérité et l'erreur, le bien et le mal. Vous êtes gouvernés par l'instinct. L'être humain peut accéder à l'intuition. Il peut maîtriser ses instincts et grâce à l'intuition, atteindre Dieu. »

« Et s'il ne le fait pas ? » demanda le renard rusé.

« Dans ce cas, il est bien sûr pire qu'un animal. Mais s'il y parvient, il est de loin supérieur à tout ce qui existe dans la création, » dit le sage.

Cette réponse apaisa les animaux, qui s'en allèrent satisfaits.

Le rêve américain

Beaucoup de gens pensent qu'ils seront heureux s'ils vivent le « rêve américain ». De quoi s'agit-il exactement ? Il existe de nombreuses définitions mais elles semblent toutes se réduire à cela :

> Un ensemble d'idéaux dans lequel la liberté inclut la possibilité de la prospérité, de la réussite, et d'une ascension sociale pour la famille et pour les enfants, grâce à un dur labeur dans une société qui ne possède que peu de barrières.

Même aux Etats-Unis, beaucoup d'adolescents voient à quel point ce rêve américain est creux : une belle maison, un travail, une voiture et les autres plaisirs matériels, et puis ? Ils ont le sentiment que de bonnes relations sont plus importantes que n'importe quel objet matériel.

Le problème de cette analyse est qu'elle ne va pas assez loin, parce que les relations aussi peuvent s'aigrir, devenir douloureuses ou creuses. Bien sûr, Amma aussi a le sentiment que la richesse matérielle et les plaisirs sont des buts importants de la vie. Voyez toutes ses œuvres caritatives. Elles s'efforcent d'apporter aux gens au moins le minimum nécessaire pour vivre heureux. Mais Amma dit aussi que seule la relation avec Dieu satisfera l'aspiration du cœur humain au bonheur. Plus on se rapproche de Dieu, plus on goûte la béatitude divine et la paix. Telle est l'expérience de tous les dévots au cours des âges.

Selon les mahatmas du passé comme les contemporains, quand l'âme arrive au terme de son voyage dans la ronde des naissances et des morts, elle développe le dégoût du monde. Cela finit par la conduire à la dévotion envers Dieu. La nature semble être ainsi faite qu'à ce moment-là, on obtient un guru qui nous montre comment nous éveiller de l'illusion universelle. Qu'est-ce qui nous propulse sans fin dans le cycle des naissances et des morts ? Maya voile le Créateur et projette la création, ce qui nous aveugle sur notre vraie nature, l'âme impérissable, et nous fait croire que nous sommes le corps périssable.

Amma nous répète sans cesse que nous ne devrions pas être satisfaits du statu quo. Recherchons la compagnie des âmes éveillées pour ne plus nous contenter de maya et tenter de nous réveiller. Le proverbe qui dit : « Qui se ressemble s'assemble » est véridique.

Le grand sage Adi Shankaracharya, dont l'enseignement sur l'*advaita vedanta* (la non-dualité) est accepté comme le sien par Amma et d'autres mahatmas contemporains tels que Sri Ramana Maharshi, a écrit de nombreux hymnes de dévotion et d'advaita. Dans l'un d'entre eux, le Bhaja Govindam, il nous parle de la grandeur de la compagnie des sages.

Satsangatve nissangatvam
Nissangatve nirmohatvam
Nirmohatve nishchalatattvam
Nishchalatattve jeevanmukti

« La compagnie des êtres bons nous sèvre des faux attachements ; du non-attachement vient la délivrance de l'illusion ; quand l'illusion prend fin, le mental devient ferme et stable et d'un tel mental jaillit la libération dans cette vie (*jivanmukti*). »

Il nous dit qu'il est impossible de franchir le samsara, l'océan de la naissance et de la mort, sans l'aide de Dieu.

Punarapi jananam punarapi maranam
Punarapi janani jathare shayanam
Iha samsare bahudustare
Kripayapare pahi murare

« Les naissances répétées ; les morts répétées ; et sans cesse de nouveau le sommeil dans le ventre de la mère. Aide-moi à traverser cet océan infranchissable, infini de la vie, O Seigneur. »

Maya fait de nous des moutons. Dans l'ensemble, nous faisons comme tout le monde. Rares sont ceux qui pensent au but ultime de leurs actions. La mort et la compagnie des sages nous secouent de notre sommeil et nous font réfléchir profondément à notre vie.

Swami Vivekananda et un étudiant

Swami Vivekananda se rendait pour la deuxième fois aux Etats-Unis. Sur le bateau, il rencontra un étudiant indien qui y allait pour ses études. L'étudiant avait une allure très chic et se comportait de manière arrogante car très peu de gens à l'époque entreprenaient un tel voyage. Le swami se dit que c'était sans doute le bon moment pour lui enseigner les valeurs justes.

Un soir donc, ils se rencontrèrent sur le pont et swamiji demanda à l'étudiant :

« Fils, pourquoi vas-tu aux Etats-Unis ? »

« J'y vais pour mes études, monsieur. Cela prendra quatre ou cinq ans. »

« Et qu'arrivera-t-il ensuite ? »

« Je rentrerai en Inde. Je suis certain d'obtenir un très bon emploi et de gagner beaucoup d'argent. »

« Et ensuite ? »

L'étudiant fut surpris. Le swami ignorait-il la valeur de l'argent ?

« Ensuite, monsieur, j'aurai une chance extraordinaire. Tous les pères ayant une fille à marier viendront me faire des propositions. Je pourrai poser mes conditions et épouser celle de mon choix. »

« Et ensuite ? »

L'étudiant était agacé par ces questions, mais il ne le montra pas. Il répondit néanmoins avec impatience :

« Ensuite, monsieur, nous vivrons ensemble, nous aurons des enfants. Je deviendrai un cadre haut-placé ; nous possèderons une villa et une voiture. Les enfants recevront la meilleure éducation, toutes les chances de réussir dans la vie. Mes filles feront de beaux mariages et mes fils iront peut-être même faire des études supérieures à l'étranger et obtiendront de bons emplois. »

« Ensuite ? »

L'étudiant était sûr que le swami se moquait de lui. Il le regarda pour voir son expression, mais il était sérieux comme un pape. Alors avec une irritation montante, l'étudiant répondit :

« Monsieur, une fois que mes enfants seront installés dans la vie, approchera pour moi l'âge de la retraite. Je ferai donc construire une petite maison dans mon village et j'y vivrai confortablement, avec une bonne pension. »

« Ensuite ? »

Cette fois, l'étudiant perdit la maîtrise de lui-même. Il répondit avec colère :

« Mais qu'est-ce que c'est que toutes ces questions ? Qu'y a-t-il d'autre à dire ? Ensuite je mourrai ! »

Le swami sourit calmement et dit : « Si c'est uniquement pour gagner de l'argent, manger, faire des enfants et puis mourir un jour, quelle est donc la valeur de la vie humaine ? Les animaux ne font-ils pas de même, sans étudier à l'étranger ? Les oiseaux ne font-ils pas de même, sans aller à l'école ? Les poissons ne font-ils pas de même sans salaires élevés et sans villas ? La naissance et la mort sont communes à tous les êtres. Il faut mener une vie décente, cela ne fait aucun doute, mais il faut toujours avoir des idéaux nobles. On peut certes avoir de l'argent et un statut social élevé, mais cela n'a de valeur que si on les utilise pour le service d'autrui. »

L'étudiant eut honte et à partir de ce jour, il résolut de mener une vie utile, au service de la société. Bien sûr, si le swami avait pu passer plus de temps avec cet homme, il aurait peu à peu dirigé son esprit vers des pensées plus spirituelles et vers des buts plus nobles, comme le fait Amma.

Si nous avons perdu un objet, que faisons-nous pour le retrouver ? Nous y pensons jusqu'à ce que nous nous rappelions où nous l'avons mis. Ainsi, Amma nous dit que nous avons maintenant « perdu » Dieu, au milieu de toutes nos occupations et possessions ; en d'autres termes, au milieu du monde. Pour Le retrouver, il faut Le garder présent à l'esprit. Rappelons-nous aussi qu'Il est en nous, caché par nos pensées et nos émotions incessantes. Le trouver en nous est la plus grande des joies, la fin de toute souffrance, l'aube de la béatitude suprême.

Il existe de nombreuses façons de Le garder présent à l'esprit : la méditation, le japa, les bhajans, le seva, etc. Mais quelques rares dévots ont la grande chance d'être les contemporains d'une Âme divine. Les Yoga sutras de Patanjali disent que penser à un mahatma est une forme naturelle et efficace de méditation, qui purifie le mental agité. Les grandes Âmes telles que Krishna, Rama, Bouddha, Jésus et Sri Ramakrishna ont attiré d'innombrables âmes grâce à leur magnétisme divin. De nombreuses âmes ont atteint la pureté intérieure et ont trouvé Dieu grâce à la compagnie de ces mahatmas.

Nous avons nous aussi la bénédiction de la présence divine d'Amma, et nos chances de trouver Dieu sont aussi bonnes que celles de ces âmes bénies. Mais il faut vider le mental de ses préoccupations « mondaines » et le remplir de la pensée de Dieu, du guru. Un jour, nous aurons la révélation que le guru est à l'intérieur, qu'il est notre Soi bien-aimé.

Les habitants de Brindavan, les gopis et les gopas, avaient cette dévotion naturelle envers le Seigneur Sri Krishna. Dans tous les actes de leur vie quotidienne, la pensée de Krishna était toujours présente. Pour renforcer leur foi et leur dévotion, le Seigneur accomplit beaucoup de grands et de petits miracles.

Les sadhaks avancés n'ont pas besoin de miracles ni d'assurance de la nature divine de leur guru. Ils perçoivent constamment la paix et la béatitude profondes qui émanent de sa personne. Mais le reste d'entre nous, les humains ordinaires, avons parfois besoin d'une preuve. Si nous sommes vigilants, nous prenons peu à peu conscience des miracles fréquents opérés sous nos yeux par la grâce d'Amma. Mais pour voir les choses sous cet angle, il faut tout accepter comme sa grâce, ce qui est agréable aussi bien que ce qui est douloureux.

Examinez de près votre vie. Amma est toujours avec vous, elle vous enseigne, elle attire votre mental vers elle. Ne craignez rien. Soyez courageux et ayez foi en les paroles d'Amma : « Mon enfant, je suis toujours avec toi. » Elle sera avec nous, maintenant et pour l'éternité.

www.ingramcontent.com/pod-product-compliance
Lightning Source LLC
LaVergne TN
LVHW051737080426
835511LV00018B/3104